Jakob J. Petuchowski

Das große Buch der rabbinischen Weisheit

Jakob J. Petuchowski

Das große Buch der rabbinischen Weisheit

Geschichten der Meister

HERDER
FREIBURG · BASEL · WIEN

Gedruckt auf umweltfreundlichem,
chlorfrei gebleichtem Papier

www.herder.de
Herstellung: fgb · freiburger graphische betriebe 2001
www.fgb.de
ISBN 3-451-27430-2

INHALT

VORWORT

Geschichten sprechen in der Regel für sich selber. Bei den rabbinischen Geschichten und Weisheiten, die Jakob J. Petuchowski vorwiegend dem Talmud entnommen hat, verhält es sich nicht anders. Einzelnes, das ihm besonders gut gefiel, hat er aus oft komplizierten Zusammenhängen herausgelöst und für eine deutsche Leserschaft aus dem Hebräischen und Aramäischen neu übersetzt. Trotzdem scheint es sinnvoll, in diesem Vorwort zunächst einige oft vorkommende, vielleicht ungeläufige Begriffe ganz kurz zu erläutern. Sodann soll auf die Leitgedanken der neu entstandenen Auswahl eingegangen und vor allem auf Anregungen zu ökumenischem Nachdenken hingewiesen werden. Die Einfachheit der Texte sollte nicht über ihre zeitlose Bedeutung hinwegtäuschen.

Unter Talmud, der Hauptquelle dieser Geschichten und Weisheiten, versteht man ein vielbändiges monumentales Werk, das rabbinische Diskussionen mehrerer Jahrhunderte beurkundet. Es ist kein systematisches Gesetzbuch, vergleichbar ist es eher einem Speicher voll mit Meinungen aus den Lehrhäusern von Babylonien und Palästina, wo die Rabbinen um das Verständnis und somit um die rechte Befolgung biblischer Lehren und Gesetze rangen. So spricht man vom längeren babylonischen Talmud, beendet um 500 n.Chr., und vom palästinensischen Talmud, beendet um 350 n.Chr.

Zitate daraus werden mit b und p [auch j= jerusalemer] vor dem Namen des Talmudtraktats identifiziert. Den zitierten Seitenzahlen folgt a oder b (bezeichnet wird damit jeweils die Vorderseite oder die Rückseite eines Blattes).

Der Talmud besteht aus *Mischna* [<„wiederholen“, „lernen“] und *Gemara* [<„beenden“ im Sinne von vollkommener Aneignung des Lehrstoffs]. Die Besonderheit der Texte ist, dass beide als „mündliche Lehre“ erachtet werden, ein Begriff, den Jakob J. Petuchowski in *Mein Judesein* folgendermaßen beschreibt:

> Die Schriften der Hebräischen Bibel wurden als Gotteswort anerkannt – der Pentateuch im strengeren Sinne als die Propheten, und die Propheten im strengeren Sinne als die Hagiographen. Aber dennoch galt die ganze Hebräische Bibel als „geoffenbart“. Sie war aber, nach pharisäisch-rabbinischer Lehre, nicht der einzige Bestandteil der Offenbarung. Neben der so genannten „schriftlichen Torah“ soll Gott dem Moses nämlich auch eine „mündliche Torah“ offenbart haben; und diese „mündliche Torah“ – und sie allein – kann Sinn und Bedeutung der „schriftlichen Torah“ erschließen.

Die *Mischna,* eine Sammlung rabbinischer, die Gesetze betreffenden Diskussionen, wurde um etwa 200 n. Chr. redigiert und aufgeschrieben. Sie ist in sechs „Ordnungen“ angelegt, und diese sind wiederum in Traktate untergeteilt. Die *Gemara* kann als spätere Fortführung und Erläuterung der *Mischna* betrachtet werden. *Mischna Abboth,* aus der im vorliegenden Band viel zitiert wird, fällt aus der Reihe, insofern sich dieses Traktat nicht mit Gesetzen, sondern mit Weisheitslehren befasst.

Das soeben genannte Wort „Torah“ ist ein Begriff, den Jakob J. Petuchowski nicht übersetzt hat, was er in dem Band *Es lehrten unsere Meister* so begründet:

Wir haben das Wort „Torah“ unübersetzt gelassen, weil es sich einfach nicht mit einem einzelnen Wort übersetzen lässt. Die geläufige Übersetzung „Gesetz“, die auf die Septuaginta zurückgeht, vernachlässigt den „belehrenden“ [also nicht-gesetzlichen] Teil der Torah. Dagegen ignoriert die Übersetzung „Lehre“ den gesetzlichen Teil der Torah. Das Wort „Torah“ bedeutet eben beides. Auch bezieht sich „Torah“ nicht nur auf den Pentateuch, die sog. „Fünf Bücher Mosis“, sondern, in erweitertem Sinne, auf die ganze Bibel. Da es aber, nach rabbinischer Auffassung, neben der „geschriebenen Torah“ auch eine „mündliche Torah“ gibt, die dann später ihren schriftlichen Niederschlag in der rabbinischen Literatur gefunden hat, so bedeutet „Torah“ das gesamte religiöse Schrifttum schlechthin und könnte daher, wenn es sein muss, als „die auf göttlicher Offenbarung basierende Literatur der Juden“ übersetzt werden. Der Gebrauch des unübersetzten Wortes „Torah“ schien mir jedoch einfacher zu sein.

Eine wichtige inhaltliche Aufteilung des jüdischen Schrift- und Gedankenguts im klassischen rabbinischen Schrifttum bis zum Abschluss des babylonischen Talmuds stellt Jakob J. Petuchowski in einer Einleitung zu den rabbinischen Geschichten vor. Es gab

zwei Abteilungen, ohne dass freilich die Texte selbst in ihrem Aufbau diese Differenzierung vornehmen. Die erste Abteilung nannte man *Halakhah,* d.h. der „Weg“, auf dem man zu gehen hatte, also das Gesetz der Bibel in seiner rabbinischen Interpretation. Um diese Interpretation wurde oft gestritten, und man versuchte immer, gewöhnlich durch Mehrheitsbeschluss, zu einer allgemein verbindlichen Entscheidung zu kommen.

Alles, was nicht im strengen Sinne zum „Gesetz“ gehörte, nannte man *Haggadah* [auf hebräisch] oder *Aggada* [auf aramäisch].

Dieses Wort heißt soviel wie „Erzählung" [...]. *Aggada* ist die kerygmatische „Erzählung", die aus dem biblischen Text herausgeschält wird.

Jakob Petuchowski führt aus, dass *Halakhah* eine gewisse Gleichförmigkeit in das jüdische Leben brachte, dass das Gebiet der *Aggada* jedoch, bis auf nur wenig Ausnahmen, ganz frei blieb. „Ja, man schätzte sogar das üppige Nebeneinander der verschiedensten und sich gegenseitig widersprechenden Aussagen auf diesem Gebiet, ohne viele Versuche, sie miteinander zu harmonisieren."

Die folgenden Auszüge aus der *Aggada* sollten ermöglichen, Wissenswertes über rabbinische Auffassungen von Gott, Offenbarung und Torah zu erfahren, wobei diese Textproben nicht beanspruchen, „als ‚typisch' oder ‚normativ' für das religiöse Denken der Rabbinen anerkannt zu werden – obwohl sie das sein könnten", wie Jakob J. Petuchowski betont. Die *Aggada* kommt in Petuchowskis deutscher, sich eng an das hebräische oder aramäische Original haltende Übersetzung gleichsam selbst zu Worte.

Es ist behauptet worden, man müsse rabbinische Texte lesen, um mit Verständnis in die rabbinische Welt einzudringen. Der vorliegende Band ermöglicht einen solchen Einblick. Was hat uns diese antike Literatur zu sagen?

Um schwierige Punkte des Religionsgesetzes überzeugend klarzustellen, griffen Generationen der rabbinischen Meister, deren historisch genaue Identifizierung und biographische Daten bis heute größtenteils ungesichert sind, zu Geschichten und zu Gleichnissen, einer literarischen Form, über die Clemens Thoma im *Lexikon der jüdisch-christlichen Begegnung* sagt: „Die rabbinischen und jesuanischen Gleichnisse sind in ihrem Kern ökumenisch und interkulturell. Sie bilden mündliche Traditionen, die das Wirken Gottes für die je eigene Zeit reklamieren. Ihre Brückenfunktion sollte gerade in der Zeit nach dem Holocaust kreativ wahrgenommen werden."

Rabbinische Gleichnisse wenden oft Einfälle aus dem beruflichen und häuslichen Leben und sogar aus der Tierwelt an. Alle Gleichnisse sollten ursprünglich der Unterweisung dienen und die gründliche Erschöpfung einer problematischen Sache den Mitlernenden witzig erleichtern.

Von erzählerischem Werk im heutigen literaturwissenschaftlichen Sinn kann bei den hier gesammelten rabbinischen Geschichten also nicht die Rede sein. Das merkt sofort, wer bei ihnen Anfang, Mitte und Ende oder gar eine Pointe erwartet. Bezeichnungen wie „Erzählung", „Fabel", „Exempel" entsprechen diese Texte nicht. Wer mit Berechtigung vielleicht fragt, „Was ist die Moral von der Geschicht?", wird überrascht werden: Keine Moral sticht in getrennten Zeilen hervor wie etwa bei Äsop. Eine eindeutige Lehre bleibt ungesagt in vielen der hier gesammelten Geschichten. Manche gleiten von einer Pointe zu einer zweiten über. Auch deshalb war die Anordnung der Sammlung keine gegebene. Mehrere dieser Erzählungen hätten sowohl an ihre jetzige Stelle wie mit gleicher Berechtigung auch an eine andere gepasst. Die an Jona erinnernde Geschichte „Der nahe Gott" (S. 95) zum Beispiel könnte sowohl zu den Rubriken „Menschlich reden von Gott" oder „Menschlich reden zu Gott" gehören, wie hier zur Rubrik „Unter Nichtjuden".

Die Geschichten stehen nicht um ihrer selbst willen, sondern sie illustrieren etwas, dem nicht leicht beizukommen wäre ohne Hilfe von Gleichnissen und eben „Erzählungen". Ihnen fehlt die unabhängige Existenz, die wir selbst bei ausdrücklich ideologisch geprägter Belletristik voraussetzen wie zum Beispiel in den um Jahrhunderte jüngeren chassidischen Geschichten. Rabbinische Geschichten erstanden aus einem Grund und wurden erzählt zu einem Zweck, nämlich die Worte und Wörter, Sätze und Ideen der Torah dem Volk nahe zu bringen.

Das von den frühen Rabbinen Besprochene nimmt oft die Form von Dialogen an. Zwei oder mehrere Lehrer tragen zu einem Thema bei, kommen auch von ihm ab, wie es bei Unterhaltungen geschieht, und können sich, um die Unanfechtbarkeit einer Ansicht zu stärken, schließlich auf einen Beweistext berufen, der anfangs nicht zu erwarten war. Solche Dialoge befinden sich unter Protokollen von Argumenten und Erörterungen. Sie mögen sich zu Geschichten erweitern, wobei dann eine Handlung, wie wir sie von einer Erzählung erwarten, fehlen mag.

Stets arbeiteten die Rabbinen an Erklärungen biblischer Texte und an Erklärungen von Erklärungen, an erster Stelle selbstverständlich aus dem gesetzlichen Gebiet. Die *Aggada* beschäftigt sich mit Gegenständen, die rabbinischer Interpretation bedurften: einzelne Wörter („Die Jünger der Weisen vermehren den Frieden", S. 198; „Zwei Verben", S. 199), einzelne Verse und Aussagen (darunter „Ich bin Derselbe", S. 162, wo ein Beleg zum andern führt), wie auch die maßgeblichen „Werte" der Rabbinen. Worauf kam es ihnen an? Was erachtet eine Gesellschaft als wertvoll?

Die Rabbinen maßen diese Fragen an einer biblischen Werteskala, die sie dann an ihre Lebensumstände anlegten. Die Antwort kennzeichnete Typen, die sie achteten, deren Eigenschaften vielleicht sogar heute von Menschen aus verschiedenen Religionsgemeinschaften angestrebt werden. Gleich lebenswichtig war den Rabbinen das Lehrhaus, ehrlicher Handel, der Friede, auch Mutmaßungen über die kommende Welt und das nächste Leben. Auf eine nicht gerade liebevolle Rüge trifft man in der Erzählung „Die Begegnung" (S. 35). Auch diese Schärfe gibt es.

Mehrere Geschichten kreisen um den Takt und die gute Sitte. Zum Takt gehörte die Vorstellungsgabe, sich in die Lage eines anderen versetzen zu können (siehe „Die öffentliche Beschämung", S. 36; „Rücksicht auf den Verkäufer", S. 37). Die Rabbinen bemühten sich, auf diese offensichtlich erlernbare Achtung der Mitmenschen aufmerksam zu machen aufgrund der Torah, die das Leben in der Gemeinschaft regulieren soll.

Dachten die Rabbinen an den Ursprung ihrer Werte, nämlich an Gott, so trafen sie auf Schwierigkeiten. Wie versuchten sie es, dem unerforschlichen Gott auf die Spur zu kommen, Nicht-Beschreibbares zu beschreiben und die Distanz zwischen Gott und den Menschen zu verringern? Auf die Frage, wie man über Gott reden kann, gab Petuchowski in *Mein Judesein* folgende Antwort, die das ganze rabbinische *Aggada*-Unternehmen klärt.

> Charakteristisch für die jüdische Rede über Gott ist das hebräische Wort *kibbejakhol*, das uns wiederholt in der rabbinischen Literatur bei Aussagen über Gott begegnet und das mit keinem einzigen deutschen Wort richtig übersetzt werden kann, das sich nur in einem ganzen dialektischen Gebilde von vier Sätzen etwa folgendermaßen umschreiben lässt: „Wenn man so sagen könnte. Aber du weißt und ich weiß, dass man das in Wirklichkeit nicht sagen kann. Jedoch wenn wir es nicht sagen, dann würden wir uns überhaupt nicht verständigen. Darum drücke ich mich bildlich aus, mit einer Metapher – in der Hoffnung, dass du verstehst, dass das, was ich sage, nicht wörtlich aufzufassen ist."

Anthropomorphismus, Personifizierung, Analogien: Vieles versuchten die Rabbinen also, um die unergründliche Natur Gottes in verständliche Worte zu fassen – und so kamen sie zu *kibbejakhol*.

Anderswo, in einer Skizze „Speaking of God", meint Petuchowski: „Uns Juden gelingt es viel besser, *zu* Gott zu sprechen, als *über* Gott zu sprechen." Diese Betrachtung wird in die Gliederung des Kapitels über „Gott" aufgenommen.

Viele Leser mögen überrascht sein, dass sogar die jüdische Neigung zu Humor – das heißt: ein angebrachtes Bewusstsein von der klaffenden Distanz zwischen Gott und Mensch – zur Nachahmung Gottes gehört. Mit Jakob Petuchowskis Worten: „Selbst der Heilige, gelobt sei Er, hat Sinn für Humor (‚Gott lächelt', S. 48). Und seine rabbinischen Kinder lassen sich gern auf die *imitatio Dei* in dieser Hinsicht ein."

Dem menschlichen Bestreben, gottähnlich zu werden, entspricht spiegelbildlich der Wunsch, Gott mit menschlichen Attributen zu versehen, ein rabbinisches Unterfangen von unvergleichlichem Mut. Ist es nicht so, dass man sich Gott, wenn überhaupt, als geistig vorstellt? Hier geht es, laienhaft vorstellbar, um plagende Widersprüche. Einerseits ist Gott körperlos: dennoch wurde der Mensch in Gottes Ebenbild geschaffen? Andererseits wird dem Menschen aus Fleisch und Blut anempfohlen, Gott nachzuahmen. Die Rabbinen konnten dieses Rätsel mit ihren Geistesblitzen anleuchten. Mit Geschichten ermöglichten sie anders nicht mögliche Vergleiche. Auf diese Weise stellten sie die menschlichen Anstrengungen dar, Gott in einem winzigen Wesenszug nachzukommen oder sich einzelner Aspekte der Eigenart Gottes bewusst zu werden.

Die allerkühnste der Geschichten in dieser Gruppe, „Der leidende Gott" (S. 65), ist kaum eine Geschichte, eher eine verbale Formgestaltung. Erkennbar und unmissverständlich wird hier der Drang der Rabbinen, jene zur Zeit von Israels rauen Anfängen spürbare Intimität – „da du mir nach durch die Wüste gingst" (Jer 2,2), – nachvollziehbar und gleichsam für alle Zeiten gegenwärtig zu machen. Dieser Text führt Gott und die Menschheit durch den Schmerz und die Erlösung zusammen und dürfte auch Christen bedeutsam sein.

Um grundsätzlich bedeutende Themen, die ideelle Grenzsituationen berühren, geht es im Kapitel „Existentielles", mag es sich um Willensfreiheit handeln oder um die Vorsehung, um die unerklärlichen Wege Gottes oder universal-philosophische Streitpunkte wie Das Gute und Das Böse: das Gute, erwünscht oder erschienen, manchmal aus dem Verborgenen, und immer wieder das Hin und Her mit dem bösen Trieb. „Was soll aus der Torah werden?" (S. 70) spricht ein existentielles Problem an, das an der Oberfläche wie ein Gelehrtenstreit aussieht. Nichts weniger jedoch als der Fortbestand des Torahstudiums stand auf dem Spiel: Besser ist es, sich über Gelerntes zu streiten, als den Streit zu meiden und die Torah zu vernachlässigen. Auch in anderen Kapiteln gibt es Geschichten, die einen stutzig machen, bis die Spätzündung kommt („Er ließ den Vater arbeiten ... und kam ins Paradies", S. 122). Rabbinische Debatten über strittige Themen veranlassten Erzählungen, die zur Klärung beitragen sollten.

Klar wird, dass diese Literatur trotz ihrer rabbinischen Verfasserschaft mehr beinhaltet als ausschließlich Jüdisches. Der jeweilige Anstoß zu einem Kommentar mochte zwar ursprünglich die Judenheit betreffen: Der rabbinische Umgang mit den Texten lässt Dimensionen erkennen, die sich ins Universale dehnen. Das Kapitel „Universalismus und Pluralismus" widmet sich diesem Thema. Zu biblischen Zeiten, wie Clemens Thoma im *Lexikon der jüdisch-christlichen Begegnung* unter dem Stichwort „Partikularismus und Universalismus" erklärt, musste sich „die monotheistische Minderheit von der überwiegend heidnischen Welt abgrenzen". In biblischen und rabbinischen Texten treten Partikularismus und Universalismus nebeneinander auf. Jahrhunderte darüber hinaus blieb eine jüdische Andersartigkeit bestimmend – von innen und von außen –, ein Phänomen, das bis heute fortdauert, selbst wenn andere Beweggründe vorliegen als in biblischen und rabbinischen Zeiten.

Bei rabbinischen Kontakten mit Nichtjuden beruht viel auf unausgesprochenen Voraussetzungen. Beim Lesen des Abschnitts „Unter Nichtjuden", mit Texten aus merklich verschiedenen Geschichtsperioden, mag dies ersichtlich werden. Mindestens zwei einander nicht ausschließende Verhältnisse liegen hier vor. Einerseits gehen manche rabbinische Erzählungen in diesem Kapitel von Herausforderungen durch Nichtjuden aus, etwa: Was für einen Gott mögt ihr Juden haben, der dies oder das tut, fordert oder geschehen lässt? Dann kann eine Replik jeweils von vermuteter Wissensbegierde, aber auch von Verständnislosigkeit oder Provokation veranlasst sein. Die Antwort kann die Form einer Erzählung annehmen, die dementsprechend informiert, aufklärt und durch Exempel zu besänftigen sucht. Eine andere Voraussetzung in der Rubrik „Unter Nichtjuden" mag der jüdische Wunsch sein, einem Nichtjuden oder einer Gruppe von Nichtjuden etwas im Judentum Bewundernswertes überzeugend vorzuführen, was erfolgreich ausfallen mag („Feierliche Proklamation", S. 98).

Die Frage „Wozu, weshalb das Andersartige?" führt zum Problemkomplex „Erwählung". Die Auserwählung war lange Zeit ein heikles Thema, denn wie eng der Erwähltheitsanspruch an Chauvinismus, Fanatismus und Exklusivismus grenzt, lässt sich aus Geschichtsbüchern ersehen. Jüngst ist Neues geschehen.

In der „Erklärung über das Verhältnis der Kirche zu den nichtchristlichen Religionen ‚Nostra aetate' vom 28. Oktober 1965" bekennt die katholische Kirche, „dass alle Christgläubigen als Söhne Abrahams dem Glauben nach in der Berufung dieses Patriarchen eingeschlossen sind und dass in dem Auszug des erwählten Volkes aus dem Lande der Knechtschaft das Heil der Kirche geheimnisvoll vorgebildet ist." Im Geist dieses bahnbrechenden Dokuments sind alle Nachkommen Abrahams in dieser Erwählungsgemeinschaft einbegriffen.

Im jüdischen Denken wird die Auserwählung des Volkes Israel gleichgestellt mit seinem Empfang der göttlichen Gesetze. Jakob J. Petuchowski erklärt dies in seinem englischen Buch *Ever Since Sinai. A Modern View of Torah* folgendermaßen:

> Der Segen über die Torah [vor der Torahvorlesung] preist den „Herrn, unseren Gott, den Weltenherrscher" und fährt fort: „Der uns aus allen Völkern ausgewählt und uns die Torah gegeben hat." Diese wenigen Worte bringen nicht nur den Gedanken zum Ausdruck, dass das Konzept vom „auserwählten Volk" ein untrennbarer Bestandteil der Idee von Torah ist, sondern auch das Umgekehrte, nämlich: dass das Konzept vom „auserwählten Volk" nur im Sinne von Torah verstanden werden kann.

Was dachten die Rabbinen über die Erwählung Israels? Wie es ihre Art war, sich bei all ihrer ausgeprägten Suche nach Klarheit von Simplifizierung fern zu halten, näherten sie sich diesem zweischneidigen Schwert mit Zögern und Scheu, Selbstbewusstsein und Ernst. Eine vielleicht homiletische Auswirkung ergab die phantasievolle Vorstellung, die Auserwählung sei eine wechselseitige: Wie sich Gott das Volk Israel auserkor, um ihm Seine Gesetze zu geben, so entschied sich das Volk Israel für den einzigen Gott. Einige rabbinische Geschichten, die die Gesetzgebung an die Kinder Israels und deren Reaktion auf ihre Erwählung umschreiben, sind im Kapitel „Auserwählung" zu lesen.

Jüdisch oder nicht jüdisch führen alle ein tägliches Leben. Mit Situationen im Kapitel „Leben in der Welt" kann man sich auch heute leicht identifizieren – selbst wenn nur die wenigsten von uns im Weinberg arbeiten.

In das Kapitel „Lohn und Vergütung" sind Erzählungen aufgenommen, die sehr unterschiedlich klingen. Einige kulminieren in einem vielleicht erstaunlichen Höhepunkt. Andere jedoch überraschen mit einem Vorwurf so herb, dass er fast spöttisch anmutet. Auf einer anderen Ebene jedoch ist es durchaus Gottergebenheit, die hier exemplarisch wird, allerdings mit hellem Wirklichkeitssinn und einem impliziten und viel zu geübten Verständnis für die wahren Leiden unter den Menschen. Von Milderung durch tröstliche Beschwichtigung wurde in solchen Geschichten abgesehen. Gerade deshalb mögen sie bei vielen, heute skeptischen Lesern besonderen Anklang finden.

Wenn es an den gerichtlichen Urteilsspruch geht, so wird die Ehrfurcht der Rabbinen vor dieser Verantwortung deutlich im Kapitel „Von der Schwierigkeit zu urteilen". Das jüdische Rechtswesen klammert sich nicht an den Buchstaben der „schriftlichen Torah". Es schreitet fort auf den Pfaden der rabbinischen Auslegung. Die stets umstrittene Intention eines Gebotes soll sich auf die jeweilige Gegenwart beziehen; und dieses Verfahren hat eigentlich bis heute nicht aufgehört. Jakob Petuchowski illustriert diese Sachlage mit einem Beispiel in seinem Buch *Mein Judesein.* „Wenn es [...] in Exodus 21,24 und in Levitikus 24,20 ‚Auge für Auge' heißt, dann gibt uns die ‚mündliche Torah' zu verstehen, dass es sich hier *nicht* um eine buchstäbliche Anwendung der *lex talionis* handelt, sondern um eine geldliche Wiedergutmachung." Die *Aggada* spricht also nachsichtig von Menschen, denen es obliegt, gesetzliche Urteile zu entscheiden.

Die Geschichte „Gnade" (S. 147), die hier im Kapitel „Vergehen, Güte und Gnade" zu finden ist, wird auch im *Lexikon der jüdisch-christlichen Begegnung* erzählt, weil sie die herrschende jüdische Einstellung zu diesem Thema exemplifiziert. Die Thematisierung des Stichworts „Gnade“ schien den beiden Autoren dieses jüdisch-christlichen Gemeinschaftswerks, Petuchowski und Thoma, nötig, um zu einer Klarstellung dieses zwischen Christen und Juden manchmal heftig umkämpften Gegenstandes beizutragen. Oft haben Gegner dem Judentum den Begriff der unverdienten göttlichen Gnade abgesprochen, auch als Kontrast zu der grundlegenden Funktion der Gnadenlehre im Christentum. Im Judentum, so hieß es, sei an erster Stelle von Gesetzen die Rede, von Strenge ohne Auswege. In Wirklichkeit setzt das Judentum die Gnade voraus, wie mehrere der rabbinischen Geschichten es hier illustrieren.

Die rabbinischen Geschichten beinhalten gewöhnliche zwischenmenschliche Beziehungen und lassen gleichzeitig die vorausgesetzte Religiosität durchblicken. Das merkt man vergleichsweise an der rabbinischen Version der in vielen Kulturen bekannten Erzählung vom Blinden und vom Lahmen. Die gegenseitige Hilfeleistung dieser beiden versteht sich als Ausgleich von Mängeln, wie es z.B. Lutz Röhrich im *Lexikon der Sprichwörtlichen Redensarten* zeigt. Die rabbinische Variante dieser Fabel (siehe „Körper und Seele“, S. 63) dient dazu, das göttliche Walten mit Hilfe eines Gleichnisses vorstellbar zu machen.

In der Rubrik „Warum? Rabbinische Antworten auf ausgefallene Fragen“, wo vermutlich die bereitliegende Antwort der Frage vorausging, erweitert sich der Blick über den Anlass hinaus. Wer könnte beim Lesen der Geschichte „Unvorbereitet in der Synagoge“ (S. 156), die einen spezifisch jüdischen Sammelpunkt, die Synagoge, nennt und daher spezifisch jüdisch scheint, parallele Situationen außer Acht lassen, die nichts mit Synagogen zu tun haben und dennoch diesem Paradebeispiel von Gewissenhaftigkeit verblüffend ähneln. Heute würde die Entschlossenheit eines Rabbi Akiba, im Zentrum der Anekdote, vielleicht weniger berücksichtigt, denn mit psychologisch gelangweilter Hand würde man sein Betragen unter „Perfektionismus“ einordnen und damit abtun. Anders sahen es die Rabbinen. Für Rabbi Akiba stand fest, dass die Torah mit Verständnis vorgelesen werden mußte. Pfuscherei war nicht seine Sache – aus religiösen Gründen, jüdisch oder auch nicht.

Dieser Abschnitt mag, ebenso wie „Wort- und Gedankenspiele“ und „Wunderliche und Wunderliches“, dazu beitragen, die Lektüre wie mit Sorbet zu erfrischen – sollte das bei der Fülle an kurzen Lesehäppchen überhaupt erforderlich sein –, während sich jeglicher Kommentar zu den Kapiteln „Der Rat kluger Frauen“ und „Familiensachen“ erübrigt. Diese beiden Abschnitte legen schließlich Begebenheiten vor, die auch nach Jahrhunderten vertraut bleiben.

Jakob J. Petuchowski hat dargelegt, dass der Unterschied zwischen heilig und profan für die Rabbinen zwar bestand, doch anders empfunden wurde als von uns heute. Obwohl diese Ansicht durch manche der Erzählungen hier bestätigt wird, erscheint sie besonders begründet im Kapitel „Leben in der Welt“.

In dem abschließenden Teil „Weisheitsvolles“ wird teils sentenzartig und sogar in Reimen rekapituliert, was letzten Endes wichtig und hilfreich sein mag fürs Leben, wie man mit Mitmenschen auskommt und sich klug verhält. In der Form weiser Verhaltensregeln erscheinen hier Themen, die auf den voraufgegangenen Seiten weniger knapp behandelt wurden: das Lernen und Lehren, die Familie, das Recht und viel Alltägliches.

Mein herzlicher Dank gebührt Dr. Elisabeth Seidler und Dr. Manfred Seidler, aber auch Alexander Morell, die – mit Rat und Tat – die Entstehung dieses Werks begleitet haben. Mit ihren zahlreichen guten Vorschlägen konnte das Manuskript um vieles verbessert werden. Rabbiner Aaron M. Petuchowski danke ich für bereitwillige bibliographische Auskünfte. Dem Verlag Herder, der über die Jahre mehrere Bücher von Jakob J. Petuchowski herausgab, gilt mein Dank für diese neue Ausgabe. Besonders Dr. Rudolf Walter sei aufrichtig gedankt für seine Initiative, diesen schönen Texten in der Reihe Herder Spektrum zu erneutem Leben zu verhelfen, und für das Vertrauen, das er dabei der Herausgeberin entgegenbrachte.

Dieses *Große Buch der rabbinischen Weisheit* bietet eine Neu-Zusammenstellung von Texten aus Jakob J. Petuchowskis inzwischen vergriffenen Bänden „*Es lehrten unsere Meister*" und „*Ferner lehrten unsere Meister*", und Ergänzungen aus einigen seiner anderen Bücher (vgl. Bibliographie, S. 220 f.). Gewiss hätte es dem ursprünglichen Zusammensteller Freude bereitet, diese Sammlung mit ihren neuen Schwerpunkten zum Vergnügen seiner christlichen und jüdischen Leser selbst zu unternehmen. So kann man nur hoffen, dass er wohlwollend auf die ohne ihn gewagte Auswahl hinabschaue, ungestört beim Torahstudium im Kreis der Rabbinen in der himmlischen Akademie (siehe unten, S. 33).

Elizabeth Petuchowski
Cincinnati, Ohio U. S. A.
Wochenfest 5761 – Pfingsten 2001

I
WERTESKALA

Was ist wichtig? Was gehört sich?

Wer kommt in das Himmelreich?

Rabbi Baruka aus Chusa ging oft auf den Marktplatz von Lapet. Eines Tages erschien ihm dort der Prophet Elia, und Rabbi Baruka fragte ihn: „Gibt es unter all diesen Menschenmassen einen einzigen Menschen, der Anteil an der kommenden Welt haben wird?"

Elia antwortete: „Es gibt keinen."

Später jedoch kamen zwei Menschen auf den Marktplatz, und Elia sagte zu Rabbi Baruka: „Diese beiden werden Anteil an der kommenden Welt haben."

Rabbi Baruka fragte die beiden Neuhinzugekommenen: „Was ist denn euer Beruf?"

Sie antworteten ihm: „Wir sind Clowns. Wenn wir jemanden sehen, der traurig ist, dann erheitern wir ihn. Wenn wir zwei Menschen sehen, die sich zanken, versuchen wir, sie wieder zu versöhnen."

Nach b. *Ta'anith* 22a

Um des Friedens willen

Rabbi Simeon ben Lakisch sprach:

Groß ist der Frieden, denn, um Frieden zwischen Josef und seinen Brüdern zu stiften, bediente sich die Heilige Schrift erdichteter Worte.

Als ihr Vater starb, fürchteten die Brüder, dass Josef jetzt an ihnen Rache üben würde. Daher sagten sie zu ihm (Genesis 50,16f.): „Dein Vater befahl vor seinem Tod und sprach: ‚Also sollt ihr Josef sagen: Vergib doch deinen Brüdern, usw.'."

Doch finden wir nirgendwo in der Heiligen Schrift, dass unser Vater Jakob tatsächlich einen solchen Befehl erlassen hatte. Die Heilige Schrift bedient sich hier erdichteter Worte – um des Friedens willen.

Nach *Deuteronomium Rabbah, Schophetim* 15, ed. Liebermann, S. 102

Die Wächter der Stadt

Einmal sandte Rabbi Judan Nessiah den Rabbi Chija, den Rabbi Assi und den Rabbi Ammi aus, durch alle Städte des Landes Israel zu ziehen und sich um die Einsetzung von Bibellehrern und Mischnalehrern (Mischna = ein Teil der „mündlichen Torah") zu kümmern.

Sie kamen in eine Stadt, in der kein Lehrer zu finden war. Da sprachen sie: „Lasst die Wächter der Stadt zu uns kommen!"

Es wurde eine Mannschaft der Stadtwache zu ihnen gebracht.

„Das sind doch nicht die Wächter der Stadt", sagten sie. „Das sind die Zerstörer der Stadt!"

Die Einwohner der Stadt fragten nun die Rabbinen: „Wer sind denn, nach eurer Meinung, die wirklichen Wächter der Stadt?"

„Es sind", war die Antwort, „die Bibellehrer und die Mischnalehrer. Daher heißt es auch (Psalm 127,1): ‚Wo der Herr nicht die Stadt behütet, da wacht der Wächter umsonst.'"

Nach p. *Hagigah* I, 7, ed. Krotoschin, p. 76c

Die Wahl

Handelt es sich darum, etwas Verlorenes zurückzubringen, und man hat die Wahl zwischen seinem eigenen Verlorenen und dem Verlorenen seines Vaters, so geht das eigene Verlorene vor.

Handelt es sich um das eigene Verlorene und das Verlorene seines Lehrers, geht das eigene Verlorene vor.

Handelt es sich um das Verlorene seines Vaters und das Verlorene seines Lehrers, so geht das Verlorene seines Lehrers vor; denn sein Vater hat ihn nur in diese Welt gebracht, sein Lehrer aber, der ihn Weisheit gelehrt hat, bringt ihn zum Leben in der kommenden Welt.

Ist aber sein Vater selbst ein Weiser, so geht das Verlorene seines Vaters vor.

Tragen sein Vater und sein Lehrer eine Last, so nehme er zuerst die Last des Lehrers ab, und nachher nehme er die des Vaters ab.

Sind sein Vater und sein Lehrer im Gefängnis, so löse er zuerst seinen Lehrer, und nachher löse er seinen Vater aus.

Ist aber sein Vater selbst ein Weiser, so löse er zuerst seinen Vater, und nachher löse er seinen Lehrer aus.

Mischna Baba Mezi'a 2,11

Schätze im Himmel

(Monobaz, König von Adiabene, trat im ersten nachchristlichen Jahrhundert zusammen mit seiner Familie zum Judentum über. Vgl. Josephus Flavius, „Jüdische Altertümer", XX, ii, 1–4.)

Es lehrten unsere Meister:

Es geschah einmal in den Jahren der Hungersnot, dass König Monobaz seine eigenen Schätze und die von seinen Vorfahren gesammelten Schätze verschwenderisch unter die Armen verteilte.

Da versammelten sich seine Brüder und die Familie seines Vaters gegen ihn und rügten ihn: „Deine Väter haben gesammelt und die Schätze ihrer Väter noch um so manches vermehrt. Du aber verschwendest den angesammelten Reichtum!"

Monobaz antwortete: „Meine Väter haben Schätze hier unten angelegt. Ich aber lege sie oben an. Meine Väter haben an einem Ort gespeichert, der dem Diebstahl ausgesetzt ist. Ich aber habe an einem Ort gespeichert, der dem Diebstahl nicht ausgesetzt ist. Meine Väter haben etwas gespeichert, das keine Früchte hervorbringt. Ich aber habe etwas gespeichert, das Früchte hervorbringt. Meine Väter haben Geldschätze gesammelt. Ich aber sammle Seelenschätze. Meine Väter haben Schätze für andere angelegt. Ich aber lege sie für mich selber an. Meine Väter haben nur für diese Welt Schätze gesammelt. Ich aber sammle sie für die kommende Welt."

Nach b. *Baba Bathra* 11a. Vgl. *Pessiqta Rabbathi, Pissqa* 25, ed. Friedmann, p. 126b; Matthäus 6,19–21; Matthäus 19, 21; Lukas 12, 33–34

Der Gruß von der himmlischen Akademie

Abba der Aderlasser empfing täglich einen Gruß von der himmlischen Akademie. (Nach rabbinischer Vorstellung wurden die verstorbenen Gelehrten von der irdischen in die himmlische Akademie versetzt, wo sie weiter Torah lernten und von Gott selbst unterrichtet wurden.) Der gelehrte Abbaje empfing einen solchen Gruß nur jeden Freitag, und der gelehrte Rawa überhaupt nur einmal im Jahr, am Vorabend des Versöhnungstages.

Abbaje fühlte sich zurückgesetzt, weil Abba dem Aderlasser die größere Auszeichnung zuteil wurde. Es wurde ihm aber mitgeteilt: „Du kannst keine Taten tun, die den Taten Abbas gleichen!"

Was waren denn die Taten Abbas des Aderlassers?

Zum Aderlassen hatte er zwei verschiedene Plätze, einen für Männer und einen für Frauen. Auch hatte er ein Kleidungsstück mit vielen Öffnungen, das die Frauen anzuziehen hatten, so dass er ihren nackten Körper nicht zu sehen brauchte. Vor seinem Sprechzimmer hatte er einen Kasten aufgestellt, in dem die Patienten das Honorar deponierten. Wer Geld hatte, bezahlte dort. Wer kein Geld hatte, konnte ohne Beschämung das Haus verlassen. Wenn Abba jemanden sah, der kein Geld hatte, gab er ihm Geld und sprach: „Geh, stärke dich!"

Eines Tages sandte Abbaje ein Gelehrtenpaar zu Abba dem Aderlasser, um die Wahrheit über ihn herauszufinden. Als sie in sein Haus kamen, gab er ihnen Speise und Trank und legte Kissen zum Schlafen vor sie hin.

Am nächsten Morgen nahmen die Gelehrten die Kissen mit sich und brachten sie auf den Marktplatz. Abbaje ließ dann Abba rufen, und die Gelehrten baten ihn, den Wert der Kissen zu schätzen. Abba sagte: „Die Kissen sind so und so viel wert."

Jedoch die Gelehrten sprachen: „Vielleicht sind sie mehr wert?"

„Nein", antwortete Abba. „Das ist genau, was ich selbst für diese Kissen bezahlt habe."

Die Gelehrten fragten nun: „Welchen Verdacht hast du gegen uns gehegt?"

„Ich dachte", antwortete er, „dass die Herren Gelehrten Geld für irgendeinen wohltätigen Zweck benötigten, sich aber schämten, mir das zu sagen."

„Nimm die Kissen dann zurück", sagten die Gelehrten zu Abba.

„Nein", erwiderte er. „Das kann ich nicht. Von dem Moment an, wo ich nicht mehr an sie dachte, betrachtete ich sie als der Wohltätigkeit gewidmet."

Nach b. *Ta'anith* 21,b, 22,a

Die Begegnung

Mar Sutra, der Sohn von Raw Nachman, ging einmal von Sikara nach Machusa, während Rawa und Raw Safra sich auf dem Wege nach Sikara befanden.

Sie begegneten sich.

Mar Sutra meinte nun, dass die beiden Gelehrten ihm entgegengekommen waren, nur um ihn zu begrüßen.

Er sprach: „Warum haben sich die Herren die Mühe gemacht, mir so weit entgegenzukommen?"

Da antwortete Raw Safra: „Wir wussten gar nicht, dass sich der Meister auf dem Wege befand. Sonst hätten wir uns viel mehr Mühe gegeben."

Jetzt sagte Rawa zu Raw Safra: „Warum hast du ihm das erzählt? Damit hast du ihn doch geärgert."

Raw Safra antwortete: „Hätte ich es nicht getan, würden wir ihn doch getäuscht haben."

Darauf Rawa: „Nein, er hätte sich nur selbst getäuscht."

Nach b. *Ḥullin* 94b

Die öffentliche Beschämung

Während man heutzutage gewöhnlich eine Beschämung mit der Errötung des Beschämten in Verbindung bringt, bemerkten die alten Rabbinen, dass ein Beschämter auch erblasst. Es war dieses Erblassen, das ihnen den Ausdruck für die Beschämung lieferte. Er hieß: „Das Gesicht seines Nächsten erblassen lassen". Auf diese Weise wurde dann auch die öffentliche Beschämung eines Menschen mit dem Blutvergießen in Zusammenhang gebracht.

Ein Tradent von tannaitischen Lehrsätzen trug in der Gegenwart des Raw Nachman bar Isaak folgende Lehre vor:

Wer seinen Nächsten öffentlich beschämt, ist, als ob er Blut vergossen hat.

Da bemerkte Raw Nachman:

Das hast du gut gesagt, denn ich habe bei einer derartigen Gelegenheit einmal gesehen, wie die rote Farbe das Gesicht des Beschämten verließ und wie sein Gesicht weiß wurde.

b. *Baba Mezi'a* 58b. Und vgl. Matthäus 5,21

Rücksicht auf den Verkäufer

Man darf nicht zu einem Verkäufer sagen: „Wie viel kostet dieser Gegenstand?“, wenn man gar nicht beabsichtigt, ihn zu kaufen.

Mischnah Baba Mezi'a 4,10

Die Erlaubnis des Gastgebers

Gäste dürfen nicht von dem, was sie vorgesetzt bekommen, dem Sohn oder der Tochter des Gastgebers etwas reichen, wenn sie sich nicht zuerst die Erlaubnis dazu von ihrem Gastgeber eingeholt haben.

b. *Ḥullin* 94a

Die sieben Eitelkeiten

Rabbi Samuel, Sohn des Rabbi Isaak, lehrte im Namen Rabbi Samuels, Sohn des Rabbi Eleasar:

Die sieben „Eitelkeiten", von denen der Prediger Salomo spricht, entsprechen den sieben Welten, die der Mensch zu seinen Lebzeiten erlebt.

Wenn er ein Jahr alt ist, gleicht er einem König, der in einer überdachten Sänfte getragen wird. Alle umarmen und küssen ihn.

Ist er zwei und drei Jahre alt, gleicht er einem Schwein, das seine Pfoten in alle Rinnen steckt.

Mit zehn Jahren hüpft er wie ein Zicklein.

Mit zwanzig Jahren ist er wie ein wieherndes Pferd. Er schmückt sich und sehnt sich nach einer Frau.

Nachdem er geheiratet hat, müht er sich ab wie ein Esel.

Hat er Kinder in die Welt gesetzt, wird er frech wie ein Hund, um ihnen Brot und Speise zu verschaffen.

Und wenn er endlich alt geworden ist, geht er gekrümmt wie ein Affe.

Das bezieht sich aber alles nur auf die Unwissenden. Denn von den in der Torah Beflissenen heißt es zum Beispiel über David: „Da der König David alt war und wohl betagt ..." (I Könige 1,1). „Alt" schon, aber immer noch ein „König".

Nach *Qoheleth Rabbah* I, 2. Vgl. William Shakespeares „Wie es euch gefällt", 2. Aufzug, 7. Szene

Himmlisches Verhör

Rawa lehrte:

Wenn der Mensch nach seinem Tode vor Gottes Richterstuhl geführt wird, werden folgende Fragen an ihn gerichtet:

Hast du dein Geschäftsleben in Redlichkeit geführt?
Hast du dir bestimmte Zeiten zum Studium der Torah festgesetzt?
Hast du das Gebot der Fortpflanzung erfüllt?
Hast du das Heil erhofft?
Hast du dich dialektisch mit der Weisheit befasst?
Hast du verstehen gelernt, wie eine Sache aus der anderen folgt?

Nach b. *Schabbath* 31 a

Rabbi Chiskija und Rabbi Kohen lehrten beide im Namen Raws:

In der eschatologischen Zukunft muss der Mensch Rechenschaft ablegen über alles, woran sein Auge Gefallen fand und was er dennoch nicht genoss.

Nach p. *Qidduschin* IV, 12, ed. Krotoschin, p. 66d

II
GOTT

Die religiöse Pflicht

„Der barmherzige Mann tut sich selber Gutes."

Sprüche Salomos 11,17

Das bezieht sich auf Hillel den Älteren. Einmal, als er das Studium mit seinen Schülern beendet hatte, ging er mit ihnen zusammen aus dem Lehrhaus.

Die Schüler fragten ihn: „Wo gehst du hin, Meister?"

Er antwortete: „Eine religiöse Pflicht zu erfüllen."

„Was", fragten sie, „ist diese religiöse Pflicht?"

Er antwortete: „Ich gehe ins Badehaus, um zu baden."

Da wunderten sich die Schüler und fragten: „Ist denn das eine religiöse Pflicht?"

Er antwortete ihnen: „Ja! Wenn schon die Statuen der Könige, die man in den Theatern und in den Zirkussen aufstellt, täglich geputzt und gewaschen werden und wenn der Mann, der den Beruf hat, diese Statuen zu putzen und zu waschen, nicht nur seinen Lebensunterhalt dadurch verdient, sondern auch eine gehobene Stellung unter den Großen des Reiches einnimmt, um wie viel mehr passt das auf mich, der ich im Ebenbilde Gottes und nach Seiner Ähnlichkeit erschaffen worden bin?! Es heißt doch (Genesis 9,6): ‚Denn im Ebenbilde Gottes hat Er den Menschen gemacht.'"

Nach *Leviticus Rabbah,* 34,3, ed. Margulies, S. 775–777

„Der Schöne“

„Er ist mein Gott, Ihn will ich preisen“, heißt es in Exodus 15,2. (Aber das hebräische Wort *we-anwehu* = „Ihn will ich preisen“ kann auch als „Ihn will ich schön machen“ verstanden werden.)

Deshalb sagt Rabbi Ismael: Ist es denn einem Geschöpf von Fleisch und Blut möglich, seinen Schöpfer schön zu machen?! Der Vers kann also nur bedeuten, dass ich in der Erfüllung der Gebote Schönes für Ihn tun werde. Am Laubhüttenfest (Lev 23, 39–43) werde ich vor Ihm einen schönen Feststrauß zusammenstellen und eine hübsche Laubhütte bauen; ich werde schöne Schaufäden (Num 15, 37–41) anfertigen und schöne Gebetsriemen (Dtn 6,8) anlegen.

(Das hebräische Wort *we-anwehu* = „Ihn will ich preisen“ kann aber auch als eine Zusammenstellung von *ani* und *wehu* = „ich und er“ aufgefasst werden.)

Deshalb sagte Abba Saul: Das bedeutet: „Ich will Ihm ähnlich sein.“ So wie Er erbarmend und gnädig ist, sei auch du erbarmend und gnädig!

Mekhilta, Schirah, Kap. 3, ed. Horovitz – (Rabin, S. 127)

Göttliche Pädagogik

„Aber am siebenten Tag hat Er geruht.“

Kann man denn von Mühe bei Ihm reden, so dass Er sich ausruhen musste? Heißt es denn nicht in Jesaja 40,28: „Er ermattet nicht; Er ermüdet nicht“? Ja im Gegenteil, es heißt in Jesaja 40,29: „Er gibt den Müden Kraft.“ Auch steht im Psalm 33,6: „Durch das *Wort* des Herrn wurden die Himmel geschaffen.“ Was hat also die Heilige Schrift im Sinn, wenn sie sagt: „Aber am siebenten Tag hat Er geruht“?

Wenn man so sagen könnte, Gott hat (aus rein pädagogischen Gründen) über Sich schreiben lassen, dass Er Seine Welt in sechs Tagen erschuf und dass Er am siebenten Tag ruhte. Wir aber müssen folgende Konsequenz daraus ziehen: Wenn schon Gott, bei dem es keine Mühe gibt, über Sich schreiben ließ, dass Er Seine Welt in sechs Tagen erschuf und am siebenten ruhte, um wie viel mehr muss dann der Mensch, der, laut Hiob 5,7, tatsächlich „zur Mühsal geboren ist“, am siebenten Tag ruhen!

Mekhilta, Baḥodesch, Kap. 7, ed. Horovitz-Rabin, S. 230; vgl. *Pessiqta Rabbathi,* Kap. 23, ed. Friedmann, p. 117a

Gott als Gastgeber

Es geschah einmal, dass Rabbi Elieser, Rabbi Josua und Rabbi Zadok an einem Gelage des Sohnes von Rabban Gamaliel teilnahmen. Da stand Rabban Gamaliel auf und bediente sie. Er gab Rabbi Elieser einen Becher; doch wollte Rabbi Elieser ihn nicht annehmen. Dann gab er Rabbi Josua einen Becher; und er nahm ihn an.

Rabbi Elieser sprach: „Was ist das, Josua? Sollen wir sitzen und uns von Rabban Gamaliel bedienen lassen?!"

Rabbi Josua antwortete: „Es gab noch einen größeren Mann als Rabban Gamaliel, der andere Menschen bediente. Abraham war der größte Mann seiner Generation. Dennoch heißt es in Genesis 18,8 von ihm, dass er stehend seine Gäste bediente. Und sagt mir nicht, dass Abraham wusste, dass seine Gäste Dienstengel waren! Er hielt sie für einfache arabische Wüstenwanderer. Warum sollen wir uns dann nicht von Rabban Gamaliel bedienen lassen?"

Da sprach Rabbi Zadok: „Wie lange beschäftigt ihr euch mit rein menschlichen Vorbildern, wenn Gott selbst uns als Vorbild dient?! Der Heilige, gelobt sei Er, lässt die Winde wehen und den Dunst von der Erde aufsteigen. Er lässt den Regen fallen und die Erde ihren Ertrag sprießen. Ja, Er deckt den Tisch für jeden einzelnen Menschen. Warum sollen wir uns dann nicht von Rabban Gamaliel den Wein einschenken lassen?"

Nach b. *Qidduschin* 32b

Meine Kinder sollen von mir lernen

Rabbi Jochanan sagte im Namen des Rabbi Simeon bar Jochai:

Was bedeutet es, wenn es (Jesaja 61,8) von Gott heißt: „Denn Ich, der Herr, liebe das Recht und hasse Brandopfer mit Raub?"

Dies kann mit einem irdischen König verglichen werden, der an einem Zollhaus vorbeikommt und seinen Dienern sagt: „Zahlt den Zöllnern den Zoll!"

Da sagten sie zu ihm: „Unser Herr! Gehört nicht ohnedies das Einkommen aus dem ganzen Zollwesen dir? Warum musst du Zoll bezahlen?"

Doch der König antwortete: „Alle Reisenden sollen von mir lernen, dem Zoll nicht zu entweichen."

So sprach auch der Heilige, gelobt sei Er: „Ich hasse Brandopfer mit Raub. Meine Kinder sollen von Mir lernen und sich vom Raub fernhalten!"

Nach b. *Sukkah* 30a

Imitatio Dei

Rabbi Chama, der Sohn des Rabbi Chanina, lehrte:

Was bedeutet der Text (Deuteronomium 13,5): „Ihr sollt dem Herrn, eurem Gott, folgen?“ Kann denn ein Mensch dem Gotte folgen, von dem es heißt (Deuteronomium 4,24): „Denn der Herr, dein Gott, ist ein verzehrendes Feuer?“

„Dem Herrn zu folgen“ kann daher nur bedeuten, dass man Seine Eigenschaften nachahmt.

So wie Er die Nackten kleidet – denn es heißt (Genesis 3,21): „Und der Herr Gott machte Adam und seinem Weibe Röcke von Fellen und kleidete sie“ –, so kleide auch du die Nackten.

Der Heilige, gelobt sei Er, besuchte die Kranken, denn es heißt (Genesis 18,1) gleich nach der Beschneidung Abrahams: „Und es erschien ihm der Herr unter den Terebinten majamres, als er an der Türe des Zeltes saß.“ So sollst auch du die Kranken besuchen.

Der Heilige, gelobt sei Er, tröstete die Leidtragenden, denn es heißt (Genesis 25,11): „Und es geschah nach dem Tode Abrahams, da segnete Gott seinen Sohn Isaak.“ So tröste auch du die Leidtragenden.

Der Heilige, gelobt sei Er, hat die Toten beerdigt, denn es heißt (Deuteronomium 34,6) nach dem Tode des Moses: „Und Er begrub ihn im Tal im Lande Moab.“ So beerdige auch du die Toten.

Rabbi Simlai erklärte:

Die Torah beginnt mit einer Liebestat und endet mit einer Liebestat. Am Anfang steht, dass Gott Adam und Eva bekleidete (Genesis 3,21). Am Ende steht, dass Er Moses beerdigte (Deuteronomium 34,6).

Nach b. *Sotah* 14a

Gott lächelt

Einst stritten sich die Rabbinen um einen Punkt im Gesetz. Rabbi Elieser brachte alle möglichen Argumente vor, um seinen Standpunkt zu beweisen. Doch die anderen Rabbinen ließen sich durch Rabbi Eliesers Argumente nicht überzeugen.

Da sprach Rabbi Elieser: „Selbst dieser Johannisbrotbaum hier kann beweisen, dass die Entscheidung so ausfallen muss, wie ich es behaupte!"

Der Johannisbrotbaum entwurzelte sich und rückte hundert Ellen weit fort. (Manche behaupten sogar, es waren vierhundert Ellen.)

Doch die anderen Rabbinen sagten: „Von einem Johannisbrotbaum lässt sich kein Beweis bringen."

Nun sprach Rabbi Elieser: „Wenn die Entscheidung so sein muss, wie ich es behaupte, dann soll es der Wasserkanal hier beweisen!"

Da fing das Wasser im Kanal an, rückwärts zu fließen.

Doch die anderen Rabbinen sagten: „Ein Wasserkanal kann nicht als Beweis dienen."

Wiederum sprach Rabbi Elieser: „Es sollen die Wände des Lehrhauses beweisen, dass ich Recht habe!"

Da fingen die Wände des Lehrhauses an, zu stürzen.

Aber Rabbi Josua schimpfte sie aus und sprach: „Was geht euch Wände es denn an, wenn die Weisen sich über einen Punkt des Gesetzes streiten!"

Die Wände nun haben sich nicht völlig aufgerichtet. Sie blieben wankend stehen.

Rabbi Elieser, der Verzweiflung nahe, schrie jetzt auf: „Wenn die Entscheidung so ausfallen muss, wie ich es behaupte, dann soll Gott selbst es beweisen!"

Tatsächlich ließ sich eine himmlische Stimme vernehmen, die sprach: „Was wollt ihr denn von Rabbi Elieser! Die Entscheidung ist doch in allen Fällen so, wie er es behauptet!"

Da sprang Rabbi Josua auf und rief: „Sie ist nicht im Himmel!"

Was bedeutet dieses Zitat aus Deuteronomium 30,12; „Sie ist nicht im Himmel?"

Rabbi Jirmijah erklärte: „Die Torah wurde ja schon auf dem Berge Sinai offenbart. Wir brauchen uns daher nicht weiter um himmlische Stimmen zu kümmern. Schließlich enthält ja die Torah vom Sinai das Prinzip, dass die Stimme der Mehrheit entscheidend ist."

An diesem Tag traf Rabbi Nathan den Propheten Elia. Er fragte ihn: „Was hat Gott eigentlich in jener Stunde getan?"

Da antwortete der Prophet: „Gott hat gelächelt und gesagt: ‚Meine Kinder haben Mich besiegt! Meine Kinder haben Mich besiegt!'"

Nach b. *Baba Mezi'a* 59 b

Was dürfen wir über Gott aussagen?

Als die jüdischen Gebetsformeln noch flüssig waren und nur die Reihenfolge der Gebete und ihre Inhalte, aber noch nicht ihr voller Wortlaut, festgelegt waren, da leitete einmal ein Mann den öffentlichen Gottesdienst in der Anwesenheit des Rabbi Chanina.

Der Mann begann das Hauptgebet in folgender Weise:

„Gelobt seist Du, Herr,
unser Gott und Gott unserer Väter,
Gott Abrahams, Gott Isaaks und Gott Jakobs,
großer, allmächtiger, furchtbarer,
prächtiger, starker, ehrfurchtgebietender
kräftiger, gewaltiger, gewissenhafter
und verehrter Gott!"

Rabbi Chanina wartete, bis der Mann damit fertig war, und sprach zu ihm:

„Bist du nun endlich mit den Preisungen deines Herrn zu Ende? Sieh mal, wenn Moses nicht selbst im Deuteronomium 10,17 geschrieben hätte, dass Gott ‚groß, allmächtig und furchtbar' ist und wenn die Männer der Synagoga Magna diese drei Attribute nicht für den Gebetstext angeordnet hätten, dann dürften wir noch nicht einmal diese drei Attribute im Gebet erwähnen. Du aber leierst stundenlang göttliche Attribute her!

Das lässt sich mit dem Fall eines Königs vergleichen, der einen Schatz von Millionen von goldenen Denarii besitzt. Und nun kommen Menschen daher, die den König preisen, weil er *silberne* Denarii besitzt. Wäre denn das keine Beleidigung für den König?"

Nach b. *Berakhoth* 33,b; vgl. b. *Megillah* 25a

Kein Auge hat's gesehen

Rabbi Chija bar Abba sagte im Namen des Rabbi Jochanan:

Alle Zukunftsprophezeiungen der Propheten beziehen sich lediglich auf die Tage des Messias. Was aber die kommende Welt betrifft, so gilt Jesaja 64,3: „Kein Auge hat's gesehen, außer Deinem, o Gott, was Er tun wird dem, der auf Ihn hofft."

Nach b. *Berakhoth* 34b; vgl. b. *Sanhedrin* 99a

Kein Platz ohne Gott

Ein Heide fragte einmal Rabbi Josua ben Karechah: „Warum wählte Gott einen Dornbusch, um aus ihm mit Moses zu reden?"

Der Rabbi antwortete: „Hätte Er einen Johannisbrotbaum oder einen Maulbeerbaum gewählt, so würdest du ja die gleiche Frage gestellt haben. Doch es ist unmöglich, dich ohne eine Antwort fortgehen zu lassen. Daher sage ich dir, dass Gott den ärmlichen und kleinen Dornbusch gewählt hat, um dich zu belehren, dass es auf Erden keinen Platz gibt, an dem Gott nicht anwesend ist. Noch nicht einmal einen Dornbusch."

Nach *Exodus Rabbah* 2,5; vgl. *Numeri Rabbah* 12,4

Gott besteht auf Wahrheit

Moses war gekommen und hatte gesagt: „Der große Gott, mächtig und furchterregend" (Deuteronomium 10,17).

Da kam Jeremia und sprach: „Fremde zerstören Seinen Tempel. Und wo sind Seine furchterregenden Taten?"

Darum ließ er (in Jeremia 32,17f.) das Attribut „furchterregend" aus.

Daniel kam und sprach: „Fremde versklaven Seine Söhne. Und wo sind Seine mächtigen Taten?"

Darum ließ er (in Daniel 9,4ff) das Attribut „mächtig" aus.

Aber wie konnten Jeremia und Daniel etwas von Moses Vorgeschriebenes auslassen?

Rabbi Eleasar sagte: „Weil sie wussten, dass der Heilige, gelobt sei Er, auf Wahrheit besteht, konnten sie keine Unwahrheiten über Ihn aussprechen."

Nach b. *Joma* 69b

Lass die Wahrheit von der Erde aufsprießen

Rabbi Simon lehrte:

Als der Heilige, gelobt sei Er, den Menschen erschaffen wollte, da bildeten sich verschiedene Gruppen und Parteien unter den Dienstengeln. Einige sagten: „Der Mensch solle erschaffen werden." Andere dagegen sagten: „Er soll nicht erschaffen werden."

Die Liebe sprach: „Er soll erschaffen werden, denn er wird Liebestaten üben."

Die Wahrheit sprach: „Er soll nicht erschaffen werden, denn er wird voller Lügen sein."

Die Gerechtigkeit sprach: „Er soll erschaffen werden, denn er wird in Gerechtigkeit handeln."

Der Friede sprach: „Er soll nicht erschaffen werden, denn er wird doch voller Zanksucht sein."

Was tat der Heilige, gelobt sei Er?

Er nahm die Wahrheit und warf sie auf die Erde.

Da sprachen die Dienstengel zu dem Heiligen, gelobt sei Er: „Herr der Welt! Die Wahrheit ist doch Dein Siegel. Wie kannst Du sie verachten? Lass die Wahrheit wieder von der Erde aufsteigen!"

Daher heißt es auch (Psalm 85,12): „Lass die Wahrheit von der Erde aufsprießen."

Rabbi Huna, der Meister aus Sepphoris, fügte hinzu: Während die Dienstengel noch stritten und miteinander diskutierten, schuf der Heilige, gelobt sei Er, den Menschen. Er sprach zu den Dienstengeln: „Was nützt euch eure Diskussion? Der Mensch wurde bereits erschaffen."

Nach Genesis *Rabbah,* 8,5, ed. Theodor-Albeck, S. 60

Die verschiedenen Widerspiegelungen

Ein Ketzer fragte einst den Rabbi Meir: „Wie ist es denn möglich, dass Er, von dem es (Jeremia 23,24) heißt, ‚Bin Ich es nicht, der Himmel und Erde füllt‘, mit Moses aus dem kleinen Raum zwischen den zwei Stangen der Bundeslade (vgl. Exodus 25,22) geredet haben soll?“

Da sagte Rabbi Meir: „Bring mir einen konvexen Spiegel!“

Er brachte ihn, und Rabbi Meir befahl: „Schau in den Spiegel!“

Er tat es und fand sich vergrößert widergespiegelt.

Nun befahl ihm Rabbi Meir: „Bringt mir einen konkaven Spiegel!“

Er tat es. Rabbi Meir sagte: „Schau hinein!“

Der Mann blickte in den Spiegel und fand sich verkleinert widergespiegelt.

Jetzt aber sprach Rabbi Meir: „Du bist doch nur Fleisch und Blut. Dennoch kannst du dich nach Belieben vergrößern oder verkleinern. Um wie viel mehr kann Er das tun, durch dessen Wort die Welt erschaffen wurde! Wenn es Ihm beliebt, dann füllt Er Himmel und Erde; und wenn es Ihm beliebt, dann redet Er mit Moses aus dem kleinen Raum zwischen den zwei Stangen der Bundeslade.“

Nach *Genesis Rabbah* 4,4, ed. Theodor-Albeck, S. 27–28

Kurzes und langes Beten

Einst leitete ein Schüler den öffentlichen Gottesdienst in der Anwesenheit Rabbi Eliesers und zog die Andacht sehr in die Länge.

Da beschwerten sich die anderen Schüler bei Rabbi Elieser und sagten: „Was ist das doch für ein Gebetsverlängerer!“

Rabbi Elieser aber antwortete: „Hat er wirklich länger gebetet als Moses unser Meister, von dem es (Deuteronomium 9,25) heißt, dass er vierzig Tage und vierzig Nächte lang gebetet hat?“

Ein anderes Mal leitete ein Schüler den öffentlichen Gottesdienst in der Anwesenheit Rabbi Eliesers und machte den Gottesdienst recht kurz.

Da beschwerten sich die anderen Schüler bei Rabbi Elieser und sagten: „Was ist das doch für ein Gebetsverkürzer!“

Rabbi Elieser aber antwortete: „Hat er wirklich kürzer gebetet als Moses unser Meister, von dem es (Numeri 12,13) heißt, dass er ein Gebet von nur fünf Worten gesprochen hat (‚O Gott, heile sie doch!‘)?“

Nach b. *Berakhoth* 34a

Tue Deinen Willen im Himmel

Wenn man in Augenblicken von Not und Gefahr verhindert ist, die notwendige Andacht für das tägliche Achtzehngebet aufzubringen, so spreche man ein kurzes Gebet.

Rabbi Elieser schlägt folgenden Text vor:

Tue Deinen Willen im Himmel oben
und verleihe einen ruhigen Geist denen,
die Dich hier unten auf Erden fürchten,
und tue, was Dir gut scheint.
Gelobt seist Du, o Herr,
der auf Gebete hört.

Nach b. *Berakhoth* 29b

Der Vater, der Regen gibt

Chanan der Verborgene war der Sohn der Tochter Choni des Kreisziehers.

Sooft die Welt Regen brauchte, schickten die Rabbinen die Schulkinder zu Chanan.

Sie zerrten dann an den Ecken seines Gewandes und sagten zu ihm: „Vater, Vater! Gib uns Regen!“

Und Chanan betete: „Herr der Welt! Tue es um dieser Kinder willen, die nicht unterscheiden können zwischen dem Vater, der Regen geben kann, und dem Vater, der keinen Regen geben kann.“

Und dann kam immer der Regen.

Warum hieß er Chanan der Verborgene?

Weil er sich aus Bescheidenheit immer verbarg.

Nach b. *Ta'anith* 23b

Was schreist du zu Mir?

Als die Israeliten, von den Ägyptern verfolgt, am Rande des Schilfmeeres standen, da murrten sie gegen Moses (vgl. Exodus 14, 11–12), und Moses betete zu Gott.

Aber (Exodus 14,15) der Herr sprach zu Moses: „Was schreist du zu Mir? Rede zu den Israeliten, dass sie vorwärts ziehen!“

Rabbi Josua sagte:

Der Heilige, gelobt sei Er, sprach zu Moses: „Moses, das einzige, was Israel zu tun braucht, ist vorwärts zu gehen.“

Rabbi Elieser sagte:

Der Heilige, gelobt sei Er, sprach zu Moses: „Moses, Meine Kinder sind in Bedrängnis. Das Meer hält sie zurück, und der Feind rennt ihnen nach. Und du stehst da und machst lange Gebete! Was schreist du zu Mir?“

Nach *Mekhilta, Beschallaḥ,* III, ed. Horovitz-Rabin, S. 97

Die verschiedenen Erscheinungen

Rabbi Chanina bar Pappa lehrte:

Der Heilige, gelobt sei Er, erschien Israel mit einem strengen Antlitz, einem ausgeglichenen Antlitz, einem freundlichen Antlitz und einem lachenden Antlitz.

Mit einem strengen Antlitz – um die Heilige Schrift zu lehren. Wenn ein Vater seinen Sohn die Torah lehrt, muss er ihm auch die Ehrfurcht beibringen.

Mit einem ausgeglichenen Antlitz – zum Studium der *Mischna.* (*Mischna* = der erste Teil der sog. „mündlichen Torah".)

Mit einem freundlichen Antlitz – zum Studium des Talmuds. (*Talmud* = die Erklärung der *Mischna.*)

Mit einem lachenden Antlitz – zum Studium der *Aggada.* (*Aggada* = der nichtgesetzliche, oft theologische Teil der „mündlichen Torah".)

Der Heilige, gelobt sei Er, aber sprach: „Obwohl ihr Mich in diesen verschiedenen Erscheinungen seht, bin Ich dennoch der Eine." Darum heißt es: „Ich bin der Herr, dein Gott" (Exodus 20,2).

Rabbi Levi lehrte:

Der Heilige, gelobt sei Er, erschien ihnen wie eine Statue, die überall Gesichter hat. Tausend Menschen mögen sie ansehen, und ein jeder meint, dass die Statue ihn ansieht.

So war es auch, als der Heilige, gelobt sei Er, zu Israel sprach. Jeder Israelite meinte, dass das göttliche Wort ihn persönlich ansprach. Daher heißt es auch *nicht:* „Ich bin der Herr, euer Gott", sondern im Singular, „Ich bin der Herr, *dein* Gott" (Exodus 20,2).

Pessiqta de Rabh Kahana, Kap. 12, ed. S. Buber, p. 110a; vgl. *Midrasch Tanḥuma, Jithro* 17, ed. S. Buber, p. 40a, b

Das tötende und belebende Wort

Es sprachen Rabbi Asarjah und Rabbi Acha im Namen des Rabbi Jochanan:

Als Israel das erste Wort der Zehn Gebote am Sinai hörte, da entfloh ihnen die Seele.

Das Wort kehrte zurück zu dem Heiligen, gelobt sei Er, und sprach:

„Herr der Welt, Du lebst ewig, und Deine Torah lebt ewig. Aber Du hast mich zu den Toten geschickt. Sie sind alle tot!"

Gott machte dann das Wort mundgerechter.

Rabbi Simeon bar Jochai lehrte:

Die Torah, die der Heilige, gelobt sei Er, Israel gab, erstattete ihnen die Seele zurück. So heißt es auch in Psalm 19,8: „Die Torah des Herrn ist schlicht, wiederbringend die Seele."

Nach *Midrasch Schir Haschirim Rabbah,* V, 16, iii

Der befreite Gott

„... der dich aus dem Lande Ägypten geführt hat, aus dem Sklavenhause."

Chananja, der Neffe Rabbi Josuas, sagte:

Das hebräische Wort *hozethikha* („der dich herausgeführt hat") ist so geschrieben, dass es auch *huzethikha* („Ich bin mit dir herausgeführt worden") gelesen werden kann. Wenn man nur so sagen könnte, Gott sprach: „Ich und ihr sind zusammen aus Ägypten in die Freiheit gezogen."

Pessiqta Rabbathi, Kap. 21, ed. Friedmann, p. 110a; vgl. p. *Sukkah* IV, 3, ed Krotoschin, p. 54c

Die geheime Verheißung

„Da sprach Gott zu Moses: ‚Ich bin, der Ich sein werde.' Und Er sprach: Also sprich zu den Israeliten: ‚Ich bin hat mich zu euch gesandt.'"

Exodus 3,14

Rabbi Jakob bar Abina erklärte diesen Text im Namen des Rabbi Huna aus Sepphoris:

Der Heilige, gelobt sei Er, sprach zu Moses: „Sage den Israeliten, dass Ich bei ihnen in dieser Unterdrückung bin und dass Ich bei ihnen auch in zukünftigen Unterdrückungen sein werde."

Darauf erwiderte Moses: „Soll ich ihnen das wirklich sagen? Genügt ihnen denn nicht das Übel des Augenblicks? Warum noch von zukünftigen Unterdrückungen reden?"

Da antwortete der Heilige, gelobt sei Er: „Nein, zu den Israeliten sage nur, dass *Ich bin* (aber nicht: Ich bin, der Ich sein werde) dich gesandt hat. Dass es auch noch zukünftige Unterdrückungen geben wird, habe ich nur dir, und nicht ihnen, offenbart."

Nach *Exodus Rabbah* 3,6

Körper und Seele

Rabbi Ismael lehrte folgendes Gleichnis über das Verhältnis von Körper und Seele:

Ein König hatte einen Garten mit schönen früh reifenden Feigen. Er setzte zwei Wächter in den Garten, einen blinden und einen lahmen, und befahl ihnen, gut auf die Feigen aufzupassen. Dann entfernte sich der König.

Nach einer Weile sagte der Lahme zu dem Blinden: „Ich sehe ein paar schöne Feigen." „Bring sie mir", sprach der Blinde, „und wir werden sie essen."

„Kann ich denn gehen?" antwortete der Lahme. Und der Blinde sprach: „Kann ich denn sehen?"

Was taten sie also? Der Lahme setzte sich auf die Schultern des Blinden und steuerte ihn zu den Feigen hin. Sie nahmen sich die Feigen und verzehrten sie dann, ein jeder auf seinem ursprünglichen Platz.

Nach einigen Tagen kam der König zurück, und, als er die Feigen nicht sah, fragte er die Wächter in beschuldigendem Ton: „Wo sind die Feigen?"

Da sprach der Blinde: „Kann ich den sehen?" Und der Lahme sprach: „Kann ich denn gehen?"

Doch der König war klug. Er setzte den Lahmen auf den Blinden und sprach: „So habt ihr es gemacht." Dann verurteilte er sie beide zusammen.

So macht es auch der Heilige, gelobt sei Er, in der eschatologischen Zukunft.

Er spricht zur Seele: „Warum hast du dich gegen Mich versündigt?"

Die Seele antwortet: „Herr der Welt! Ich soll mich gegen Dich versündigt haben? Der Körper hat doch gesündigt! Habe ich etwa gesündigt, seitdem ich den Körper verlassen habe?"

Dann spricht Er zum Körper: „Warum hast du gesündigt?" Und der Körper antwortet: „Herr der Welt! Es war die Seele, die gesündigt hat. Seitdem sie aus mir entfloh, war ich doch vor dir wie eine leblose Tonscherbe, die man auf den Misthaufen geworfen hat."

Was tut der Heilige, gelobt sei Er? Er bringt die Seele wieder in den Körper zurück und richtet Körper und Seele zusammen als ein einziges Wesen.

Darum heißt es auch (Psalm 50,4): „Er ruft die Himmel droben und die Erde, Sein Volk (hebr. *'ammo*) zu richten." „Er ruft die Himmel droben" – um die Seele zu bringen, „und die Erde" – um den Körper zu holen, „dass Er die Seele mit ihm zusammen (hebr. *'immo*) richten kann."

Nach *Leviticus Rabbah* 4,5, ed. Margulies, S. 88–89

Der leidende Gott

„Gott rief zu ihm aus dem Dornbusch."

Exodus 3,4

Der Heilige, gelobt sei Er, sprach zu Moses: „Fühlst du denn nicht, dass Ich mich in Schmerzen befinde, genau wie Israel sich in Schmerzen befindet? Merke es an dem Ort, aus dem Ich mit dir rede – aus den Dornen! Wenn man so sagen könnte, teile Ich Israels Leid."

Daher heißt es auch (Jesaja 63,9): „Bei all ihrer Bedrängnis war Ihm leid."

Nach *Exodus Rabbah* 2,5

Jeder nach seinem Vermögen

Rabbi Jochanan sprach:

Als Gottes Stimme am Sinai hervorkam, teilte sie sich auf in die siebzig Sprachen der Menschheit, so dass alle Völker sie verstehen konnten.

Rabbi Tanchuma sprach:

Gottes Stimme am Sinai wurde von jedem nach seinem eigenen Verstandesvermögen verstanden. Die Alten verstanden sie nach ihrem Vermögen, die Jungen nach ihrem Vermögen, und so auch die Kinder, die Säuglinge und die Frauen. Selbst Moses verstand nur nach seinem Vermögen. Daher heißt es (Exodus 19,19): „Moses redete, und Gott antwortete ihm mit einer Stimme." Das bedeutet: mit einer Stimme, die Moses vertragen konnte.

Nach *Exodus Rabbah* 5,9

III
EXISTENTIELLES

„Dies ist die Torah, und das ist ihr Lohn!"

Raw Judah lehrte im Namen Raws:

Als Moses nach oben stieg, fand er den Heiligen, gelobt sei Er, damit beschäftigt, kleine Krönchen an den Buchstaben der Torah zu befestigen.

Dann fragte Moses: „Herr der Welt, wozu ist das notwendig?"

Gott antwortete: „Am Ende von vielen Generationen wird es einmal einen Mann geben, namens Akiba ben Josef, der auf Grund eines jeden Tüttelchens Hügel und Hügel von Gesetzeslehren auslegen wird."

Moses bat: „Herr der Welt, lass mich ihn sehen."

„Dreh dich um", sprach Gott.

Moses ging nun zur Akademie Rabbi Akibas und setzte sich – aus Bescheidenheit – hinter die achte Reihe von Akibas Schülern, um dem Lehrvortrag zuzuhören.

Er konnte der Argumentation nicht folgen und fühlte sich nicht wohl.

Als aber ein gewisses Thema angeschnitten wurde, fragten die Schüler den Meister: „Woher weißt du das?"

Darauf antwortete Rabbi Akiba: „Das ist ein Gesetz, das dem Moses am Berge Sinai gegeben wurde."

Nun fühlte sich Moses wieder besser.

Er kehrte dann zum Heiligen, gelobt sei Er, zurück und sprach: „Herr der Welt, Du hast einen solchen Mann und Du gibst dennoch die Torah durch mich!"

Gott antwortete: „Schweige! So habe Ich es beschlossen."

Dann sprach Moses: „Herr der Welt, Du hast mir seine Torah gezeigt. Nun zeige mir seinen Lohn.“

„Dreh dich um“, antwortete Gott.

Moses drehte sich um. Er sah, wie man – nach Akibas Martyrium – sein Fleisch in den Marktbuden wog.

„Herr der Welt“, schrie Moses auf. „Dies ist die Torah, und das ist ihr Lohn!“

Doch Gott antwortete: „Schweige! So habe Ich es beschlossen.“

Nach b. *Menaḥoth* 29b

Was soll aus der Torah werden?

Unsere Meister lehrten:

Nachdem Rabbi Meir gestorben war, sagte Rabbi Judah zu seinen Schülern: „Lasst die Schüler des Rabbi Meir nicht in mein Lehrhaus eintreten. Sie kommen nämlich nicht, um Torah zu lernen, sondern nur, um mich mit Zitaten aus der Tradition in Argumenten zu besiegen."

Dennoch gelang es Symmachus, in Rabbi Judahs Lehrhaus einzudringen und an der Diskussion teilzunehmen.

Als Rabbi Judah ihn sah, wurde er zornig und sprach zu seinen Schülern: „Habe ich euch denn nicht gesagt, dass ihr die Schüler des Rabbi Meir hier nicht hereinlassen sollt? Sie sind doch so streitsüchtig!"

Da sprach Rabbi Jossé: „Wenn wir dir gehorchen sollten, dann würden die Menschen mit Recht sagen: ‚Meir ist tot; Judah ist zornig; Jossé schweigt.' Und was soll dann aus der Torah werden?!"

Nach b. *Nazir* 49a; vgl. b. *Qidduschin* 52b

Die Willensfreiheit

Rabbi Chanina bar Papa erklärte:

Der Engel, der zur Überwachung der Empfängnis bestellt ist, heißt *Lailah* (Hebräisch für „Nacht"). Wenn eine Empfängnis stattfindet, nimmt er den Samentropfen und legt ihn vor den Heiligen, gelobt sei Er, und spricht:

„Herr der Welt, was wird das Geschick dieses Tropfens sein? Wird sich daraus ein starker oder ein schwacher Mensch entwickeln? Ein weiser Mensch oder ein törichter Mensch? Ein reicher oder ein armer Mensch?"

Das wird alles von Gott entschieden.

Nur eine Frage stellt der Engel nicht, und sie wird auch nicht von Gott entschieden: „Wird es ein gerechter oder ein frevelhafter Mensch werden?"

Dies ist auch die allgemeine Anschauung Rabbi Chaninas. Denn Rabbi Chanina lehrte: „Alles ist in Gottes Hand, nur nicht die Gottesfurcht."

Nach b. *Niddah* 16b

Der Ort, an dem man sein muss

Es waren einmal zwei Äthiopier, die dem König Salomo dienten. Sie hießen Elihoreph und Ahija, die Söhne Sisas, und waren Salomos Schreiber. (Vgl. I Könige 4,3)

Eines Tages sah Salomo, dass der Todesengel traurig war.

Er fragte ihn: „Warum bist du so traurig?"

Der Todesengel antwortete: „Weil mir befohlen wurde, die zwei Äthiopier, die hier sitzen, zu holen."

Daraufhin empfahl Salomo seine zwei Diener den Geistern, die er beherrschte, so dass Elihoreph und Ahija von den Geistern in den Bezirk von Lus gebracht wurden.

Sobald sie aber im Bezirk von Lus ankamen, starben sie.

Am folgenden Tage sah Salomo, dass der Todesengel sehr gut aufgelegt war.

Er fragte ihn: „Warum bist du so gut aufgelegt?"

Der Todesengel antwortete: „Weil du die beiden zu dem Ort geschickt hast, von dem ich sie holen sollte."

Salomo aber verfasste das Sprichwort: „Des Menschen Beine sind seine Bürgen. Sie führen ihn zu dem Ort, an dem seine Anwesenheit verlangt wird."

Nach b. *Sukkah* 53a

Beschert

König Salomo hatte eine bildhübsche Tochter, dergleichen es im Lande Israel keine mehr gab.

Er beobachtete nun die Sternbilder, um herauszufinden, wer ihr als Ehemann beschert sein würde. Da sah er, dass es ein ganz armer Mann sein sollte, so arm, dass ihm in ganz Israel keiner in Armut gleichkam.

Was tat König Salomo? Er ließ einen hohen Turm in der Mitte des Meeres bauen – so, dass das Meer den Turm von allen Seiten umschloss. Dann nahm er seine Tochter und sperrte sie in diesen hohen Turm ein. Siebzig von den Ältesten Israels gab er ihr als Diener mit, und er versorgte den Turm mit reichlichem Proviant. Der Turm hatte keinen Eingang, so dass niemand in ihn eintreten konnte. Nun sprach Salomo: „Ich will jetzt sehen ‚das Werk Gottes und Seine Tat'" (Psalm 64,10).

Nach einiger Zeit geschah es, dass der vom Schicksal für Salomos Tochter bestimmte Arme sich nachts auf einer Reise befand. Er war unbekleidet und barfuß, hungrig und durstig. Auch hatte er keine Unterkunft, in der er übernachten konnte. Da erspähte er das auf ein Feld geworfene Ochsenaas. Er kroch hinein, um sich in dem Gerippe vor der Kälte zu schützen. Dann schlief er ein.

Nun kam ein riesiger Vogel auf das Aas zugeflogen, nahm das Aas und brachte es auf das Dach des Turms, in dem Salomos Tochter wohnte. Dort fraß der Vogel das Fleisch von dem Aas. Der junge Mann aber befand sich jetzt auf dem Dach, als die Morgensonne aufging.

Es war jedoch die Gewohnheit der Tochter Salomos, täglich auf das Dach heraufzusteigen. Als sie es jetzt tat, sah sie den jungen Mann. Sie sprach zu ihm: „Wer bist du? Und wer hat dich hierher gebracht?"

Er antwortete: „Ich bin ein Jude, und ich komme aus Akko. Ein Vogel hat mich hierher gebracht."

Was tat sie? Sie nahm ihn, brachte ihn in ihr Zimmer, wusch ihn, salbte ihn und kleidete ihn. Da stellte sich heraus, dass er ein sehr schöner Mann war, desgleichen im ganzen Gebiet Israels kein anderer zu finden war. Auch war der junge Mann sehr gelehrt und scharfsinnig – ein Schriftgelehrter. Das Mädchen verliebte sich in den jungen Mann, und ihre Seele hing an seiner.

Eines Tages sagte sie zu ihm: „Willst du mich heiraten?"

Er antwortete: „Ach, könnte ich nur!"

Was tat er? Er öffnete eine seiner Adern, und mit seinem Blut schrieb er die religionsgesetzliche Heiratsurkunde. Dann sprach er die Trauungsformel und rief: „Gott und die Engel Michael und Gabriel sind heute meine Zeugen!" Danach verhielt er sich mit ihr, wie es die Menschen eben unter diesen Umständen zu tun pflegen. Da wurde sie von ihm schwanger.

Als die Ältesten sie nun in diesem Zustand sahen, sagten sie zu ihr: „Es scheint uns, dass du schwanger bist."

Sie gestand es ihnen ein.

Da fragten die Ältesten: „Und von wem bist du schwanger?"

Sie antwortete: „Was geht euch das an?"

Da machten die Ältesten ein langes Gesicht. Sie fürchteten sich nämlich, dass der König Salomo sie in dieser Angelegenheit verdächtigen würde. Sie luden den König daher ein, mit ihnen zu reden. Der König bestieg ein Schiff und kam zu den Ältesten.

Die Ältesten sprachen zu ihm: „Eure Majestät! So und so ist der Sachverhalt. Möge der König seine Diener nur nicht beschuldigen."

Salomo ließ sich nun seine Tochter holen und fragte sie nach dem, was geschehen war.

Da antwortete die Tochter: „Der Heilige, gelobt sei Er, hat mir diesen jungen Mann gebracht. Er ist schön und gut und ein großer Gelehrter, und er hat mich nach den religionsgesetzlichen Vorschriften geehelicht." Dann ließ sie den jungen Mann rufen.

Er kam vor den König und zeigte ihm die Heiratsurkunde, die er für die Königstochter ausgestellt hatte.

Der König befragte ihn nun über seinen Vater und seine Mutter, über seine Familie und seine Heimatstadt. Aus den Antworten des jungen Mannes ersah der König, dass dies in der Tat der junge Mann war, den ihm seinerzeit die Sterne angedeutet hatten. Der König freute sich sehr und sprach: „Gelobt sei der Allgegenwärtige, der uns das gibt, was für uns bestimmt ist, und von dem es heißt (Psalm 68,7): ‚Er führt Verlassene in die Heimat, Er führt Gefesselte hinaus zur rechten Zeit!'"

Nach einem *Tanḥuma* Manuskript, abgedruckt in der Einleitung zu S. Bubers Ausgabe von *Midrasch Tanḥuma*. p. 68b

Sterben, um zu leben

Rabbi Eleasar Hakappar sagte:

Wir werden geboren, um zu sterben. Wir sterben, um zu leben und gerichtet zu werden – auf dass jeder lerne, lehre und bekenne, dass Er Gott ist, Er der Bildner und Schöpfer, Er der allweise Prüfer, Er der Richter, der Zeuge und der Kläger. Er wird einst das Urteil sprechen – gelobt sei Er. Bei Ihm gibt es kein Unrecht, kein Vergessen, kein Ansehen der Person und keine Bestechung, denn alles gehört Ihm.

So bedenke denn, dass all deine Taten in Rechnung kommen. Lass dich nicht von deinem bösen Trieb betören, dass das Grab dir eine Zufluchtsstätte sein werde. Denn ohne deinen Willen wurdest du geboren, ohne deinen Willen lebst du, wider deinen Willen musst du sterben, und wider deinen Willen wirst du einst Rechenschaft ablegen vor dem König der Könige, dem Heiligen, gelobt sei Er.

Nach *Mischnah Abhoth* 4,22

Ein einziger Mensch

Bei der Schöpfung wurde nur ein einziger Mensch erschaffen, um dich zu lehren, dass, wenn jemand nur eine einzige Person vernichtet, die Heilige Schrift es ihm anrechnet, als hätte er eine ganze Welt vernichtet, und wenn jemand eine einzige Person am Leben erhält, die Heilige Schrift es ihm anrechnet, als hätte er eine ganze Welt am Leben erhalten.

Auch geschah es um des Friedens unter den Menschen willen. Ein Mensch soll nicht zum anderen sagen: „Mein Vater war größer als dein Vater."

Auch damit die Ketzer nicht sagen, dass es mehrere Gottheiten im Himmel gebe.

Und endlich, um die Größe des Heiligen, gelobt sei Er, zu verkünden. Ein Mensch, der Münzen prägt, prägt viele Münzen mit einem Stempel, und die Münzen sind alle einander gleich. Aber der König aller Könige, der Heilige, gelobt sei Er, hat jeden Menschen mit dem Stempel des ersten Menschen ausgeprägt, und dennoch gleicht nicht ein Mensch dem anderen.

Daher muss auch jeder einzelne Mensch sagen: „Meinetwegen ist die Welt erschaffen worden."

Nach *Mischnah Sanhedrin* 4,5

Die Verleugnung

Chananja ben Kinai erklärte den Vers: „Wenn jemand seinem Nebenmenschen ... (etwas) ableugnet ..." (Leviticus 5,21) folgendermaßen:

Niemand leugnet seinen Nebenmenschen etwas ab, bis er nicht zuvor Gott selbst geleugnet hat.

Rabbi Reuben verbrachte einmal einen Sabbath in Tiberias. Dort traf ihn ein heidnischer Philosoph, der ihn fragte: „Wer ist der am meisten gehasste Mensch in der Welt?"

Der Rabbi antwortete: „Es ist der Mensch, der den verleugnet, der ihn erschaffen hat."

Darauf der Philosoph: „Wie ist das zu verstehen?"

Da antwortete der Rabbi: „Kein Mensch leugnet die Gebote ‚Ehre deinen Vater und deine Mutter', ‚Du sollst nicht morden', ‚Du sollst nicht ehebrechen', ‚Du sollst nicht stehlen', ‚Du sollst wider deinen Nächsten kein falsches Zeugnis ablegen' und ‚Du sollst nicht begehren', bis er nicht zuvor Gott selbst verleugnet hat. Und niemand geht, eine Sünde zu begehen, der nicht zuvor den verleugnet hat, der ihm verboten hat, die Sünde zu begehen."

Tossephta Schebhu'oth 3,6, ed. Zuckermandel, S. 449–450

Die zwei Schiffe

Der Tag, an dem ein großer Mann stirbt, ist besser als der Tag, an dem er geboren wurde. Denn niemand weiß am Tage seiner Geburt, welche Taten er vollbringen wird. Daher ist *„ein guter Name besser als gutes Öl, und der Tag des Todes besser als der Tag der Geburt"*.

Prediger Salomo 7, 1

Rabbi Levi sprach:

Das lässt sich mit zwei Meeresschiffen vergleichen, von denen das eine den Hafen verlässt und das andere im Hafen ankommt. Während alle das Schiff, das sich gerade auf die Seereise begab, feierten, schienen sich nur wenige über das Schiff zu freuen, das gerade ankam.

Ein kluger Mann, der zugegen war, meinte: „Man sollte doch das Gegenteil erwarten. Die Menschen sollten sich doch nicht über das Schiff freuen, das gerade den Hafen verlässt. Sie können ja nicht wissen, was dem Schiff noch bevorsteht, ob es ein ruhiges oder ein stürmisches Meer antreffen wird und mit welchen Winden es zu ringen haben wird. Man sollte sich doch lieber über das Schiff freuen, das in den Hafen einfährt, denn es hat die Seefahrt in Frieden überstanden."

So ist es auch, wenn ein Mensch geboren wird. Jeder Tag bringt ihn dem Tode näher. Ist er aber erst einmal gestorben, fängt man an, die Tage bis zur Auferstehung zu zählen.

Nach *Exodus Rabbah* XLVIII, 1

Das Gastmahl

Rabbi Elieser lehrte: „Kehre um einen Tag vor deinem Todestage!"

Da fragten ihn seine Schüler: „Weiß man denn, an welchem Tag man sterben wird?"

Rabbi Elieser erwiderte: „Um so mehr Grund, heute schon umzukehren; denn man könnte ja morgen schon sterben. So widmet man dann auch sein ganzes Leben der Umkehr. Das meinte Salomo auch, als er in seiner Weisheit sprach (Prediger Salomo 9,8): ‚Lass deine Kleider immer weiß sein, und Öl fehle nicht auf deinem Haupte.'"

Rabban Jochanan ben Sakkai wandte hier ein Gleichnis an:

Das kann mit einem König verglichen werden, der seine Diener zu einem Gastmahl einlud, ohne aber die genaue Zeit des Gastmahls anzugeben. Die klugen Diener schmückten sich sogleich und warteten an der Palastpforte. Sie dachten sich nämlich, dass es im königlichen Palast an nichts mangele und dass die Pforte jeden Augenblick geöffnet werden könne. Die törichten Diener aber fuhren mit ihrer Arbeit fort. Sie dachten sich, dass zu einem Gastmahl erst die Vorbereitungen getroffen werden müssten und dass es noch eine Weile dauern würde bis zur Öffnung der Pforte.

Plötzlich verlangte der König die Anwesenheit seiner Diener. Die weisen Diener traten geschmückt ein, die törichten Diener aber in ihrer schmutzigen Kleidung.

Der König freute sich über seine klugen Diener, aber zürnte seinen törichten Dienern.

Er befahl: „Diejenigen, die sich für das Gastmahl geschmückt haben, sollen Platz nehmen. Diejenigen jedoch, die sich für das Gastmahl nicht geschmückt haben, sollen stehend zuschauen!"

Nach b. *Schabbath* 153a. Vgl. *Mischnah Abboth* 2,10; *Qoheleth Rabbah* IX, 8; Matthäus 22,1–14; Lukas 14,16–24

Die Heilung

Rabbi Alexandri lehrte im Namen des Rabbi Chija bar Abba:

Größer ist das Wunder, das bei der Heilung der Kranken geschieht, als das Wunder, das Hananja, Mischael und Asarja geschah. (Vgl. Daniel, Kapitel 1–3)

Denn das Feuer, aus dem Hananja, Mischael und Asarja gerettet wurden, war ein von Menschen angezündetes Feuer. Menschen zünden es an, und Menschen können es wieder löschen.

Aber die Krankheit ist ein von Gott entzündetes Feuer. Wer kann das schon löschen?!

Nach b. *Nedarim* 41 a

Der Trost

Als der Sohn des Rabban Jochanan ben Sakkai starb, kamen seine Jünger, ihn zu trösten.

Rabbi Elieser kam herein, setzte sich vor ihn hin und sprach zu ihm: „Meister, darf ich dir etwas sagen?"

„Sprich!" antwortete Rabban Jochanan.

Rabbi Elieser sprach: „Adam hatte einen Sohn, der starb. Jedoch ließ sich Adam darüber trösten. Woher wissen wir, dass Adam sich trösten ließ? Weil es heißt: ‚Adam erkannte abermals sein Weib, und sie gebar einen Sohn' (Genesis 4,25). Du solltest auch Trost annehmen."

Rabban Jochanan aber sprach: „Ist es denn nicht genügend für mich, dass ich meinen eigenen Schmerz trage, so dass du mich noch an den Schmerz Adams erinnerst!"

Dann kam Rabbi Josua und bat um Erlaubnis, Worte des Trosts zu sprechen. Als ihm die Erlaubnis erteilt wurde, sagte er: „Hiob hatte Söhne und Töchter, und sie starben alle am gleichen Tag. Jedoch Hiob ließ sich trösten. Auch du solltest Trost annehmen. Woher wissen wir, dass Hiob sich trösten ließ? Weil es heißt: ‚Der Herr hat's gegeben, der Herr hat's genommen; gesegnet sei der Name des Herrn.' (Hiob 1,21)."

Rabban Jochanan aber sprach: „Ist es denn nicht genügend für mich, dass ich meinen eigenen Schmerz trage, so dass du mich noch an den Schmerz Hiobs erinnerst!"

Dann kam Rabbi Jossé, setzte sich vor ihn hin, bat um und erhielt die Erlaubnis, Worte des Trosts zu sprechen. Er sagte: „Aaron hatte zwei erwachsene Söhne, die beide am gleichen Tag starben. Jedoch ließ Aaron sich trösten, wie es heißt: ‚Und Aaron schwieg.' (Leviticus 10,3.) Schweigen aber bedeutet soviel wie Trost. Auch du solltest Trost annehmen."

Rabban Jochanan aber sagte zu ihm: „Ist es denn nicht genügend für mich, dass ich meinen eigenen Schmerz trage, sodass du mich noch an Aarons Schmerz erinnerst!"

Dann kam Rabbi Simeon und sprach zu ihm: „Meister, darf ich dir etwas sagen?"

„Rede!" antwortete Rabban Jochanan.

Rabbi Simeon sprach: „König David hatte einen Sohn, der starb. Jedoch ließ er sich trösten. Du solltest dich auch trösten lassen. Woher wissen wir, dass David sich trösten ließ? Weil es heißt: ‚Und David tröstete Batscheba, sein Weib, und kam zu ihr und lag bei ihr; und sie gebar einen Sohn, und er nannte seinen Namen Salomon.' (II Samuel 12,24.) Meister, auch du sollst dich trösten lassen."

Rabban Jochanan aber sagte zu ihm: „Ist es denn nicht genügend für mich, dass ich meinen eigenen Schmerz trage, sodass du mich noch an König Davids Schmerz erinnerst!"

Dann kam Rabbi Eleasar ben Arakh herein, und Rabban Jochanan wusste, dass er seinen Worten nicht widerstehen können werde.

Rabbi Eleasar setzte sich vor ihn hin und sprach: „Ich werde dir ein Gleichnis erzählen. Ein König gab einem Mann etwas aufzubewahren. Täglich jammerte dieser Mann und schrie: ‚Wehe mir! Wann wird diese große Verantwortung von mir genommen, sodass ich in Frieden leben kann?' Du, Meister, hattest einen Sohn. Er hat Torah und Propheten und Hagiographen studiert. Er hat die rabbinische Lehre in ihren gesetzlichen wie auch in ihren erzählenden Bestandteilen studiert. Und er hat diese Welt sündenlos verlassen. Du solltest Trost darin finden, dass du das dir Anvertraute ohne Schaden zurückgeben konntest."

Da sagte Rabban Jochanan zu ihm: „Eleasar, mein Sohn, du hast mich getröstet, so wie die Menschen sich gegenseitig trösten sollen."

Nach *Abhoth de Rabbi Nathan,* A XIV, ed. Schechter, pp. 29b, 30a

IV
UNIVERSALISMUS UND PLURALISMUS

Göttliches Wort, menschliche Auslegung

Abaje sagte:

Wenn es in Psalm 62,12 heißt:

„Eines hat Gott geredet,
zwei sind's, die ich habe gehört:
dass Gottes die Macht ist",

so bedeutet das, dass ein Schriftvers verschiedene Erklärungsmöglichkeiten enthält und dass ein und dieselbe Lehre nicht aus mehreren Schriftversen gefolgert werden darf.

In der Schule des Rabbi Ismael hat man sich auf folgenden Schriftvers berufen:

„Ist Mein Wort nicht wie ein Feuer,
spricht der Herr,
und wie ein Hammer,
der den Felsen sprengt?"
Jeremia 23,29

Was geschieht, wenn der Hammer auf den Felsen aufprallt?

Es sprühen die Funken.

Ein jeder Funke ist das Ergebnis des Hammerschlages auf den Felsen; aber kein Funke ist das einzige Ergebnis.

So kann auch ein einziger Schriftvers viele verschiedene Lehren vermitteln.

Nach b. *Sanhedrin* 24a; vgl. b. *Schabbath* 88b

Öffnet die Tore!

Als der Prophet Jesaja sprach (26,2): „Öffnet die Tore“, sagte er nicht, „und lasst die Priester, Leviten und Israeliten eintreten“, sondern er fuhr fort: „und lasst einen gerechten *Goj* eintreten.“

Das hebräische Wort *Goj* bedeutet sowohl „Volk“ als auch „Nichtjude“.

Nach *Siphra, Aḥaré Moth,* 13,13, ed. Weiss, p. 86b

Ökumenische Veranlassung

Ein gewisser Nichtjude fragte Rabbi Josua:

„Ihr habt Feiertage, und wir haben Feiertage. Wenn ihr euch freut, freuen wir uns nicht; und wenn wir uns freuen, freut ihr euch nicht. Wann freuen wir uns denn zusammen?“

Rabbi Josua antwortete: „Wenn der Regen fällt.“

Wie ist das aus der Heiligen Schrift zu beweisen?

Aus Psalm 65,14. „Es kleiden sich die Fluten mit Schafen, und die Täler hüllen sich in Getreide. Man jauchzet und singt.“ Und gleich danach (Psalm 66,1) heißt es: „Jauchzet Gott, alle Lande!“

Es heißt dort *nicht:* „Jauchzet Gott, ihr Priester, Leviten oder Israeliten“, sondern: „Jauchzet Gott, alle Lande!“

Nach *Genesis Rabbah* 13,6, ed. Theodor-Albeck, S. 116–117

Das ist die ganze Torah

Es kam einmal ein Heide zu Schammai und sagte zu ihm: „Bekehre mich zum Judentum unter der Bedingung, dass du mich die ganze Torah lehrst, während ich auf einem Fuß stehe."

Mit einem Zollstock in der Hand warf Schammai ihn sofort hinaus.

Der Heide ging dann zu Hillel und wiederholte seinen Wunsch: „Bekehre mich zum Judentum unter der Bedingung, dass du mich die ganze Torah lehrst, während ich auf einem Fuß stehe."

Hillel nahm ihn ins Judentum auf und belehrte ihn wie folgt: „Was dir verhasst ist, tue auch deinem Nächsten nicht an. Das ist die ganze Torah. Alles weitere ist Kommentar dazu. Geh hin und lern ihn!"

Nach b. *Schabbath* 31 a

Der kurze Text

Bar Kappara erklärte:

Welches ist der kurze Text, von dem alle Hauptbestandteile der Torah abhängen?

Es ist Sprüche Salomos 3,6:

„Auf all deinen Wegen erkenn Ihn an,
und Er wird deine Pfade ebnen."

Nach b. *Berakhoth* 63 a

Noch ein Größeres

„Du sollst deinen Nächsten lieben wie dich selbst."

Leviticus 19,18

Rabbi Akiba sagte: „Dieses ist das große Prinzip der Torah."

Aber Ben Asaj sagte: „Es gibt noch ein größeres Prinzip. Es ist der Vers (Genesis 5,1): ‚Dies ist das Buch von des Menschen Geschlecht. Als Gott den Menschen schuf, machte Er ihn im Ebenbilde Gottes.' Hier geht es nämlich nicht nur um den Nächsten, sondern um alle Menschen."

Nach *Siphra, Qedoschim,* II, Pereq 4,12, ed. Weiss, p. 89b

Vergleichbare Sätze

Jede Vereinigung, die um Gottes willen stattfindet, wird zuletzt bestehen; die aber nicht um Gottes willen stattfindet, wird zuletzt nicht bestehen.

[Rabbi Jochanan, der Sandalenmacher]

Mischnah Abboth 4,11

Vgl.

Wenn dieses Vorhaben oder dieses Werk von Menschen stammt, wird es zerstört werden. Stammt es aber von Gott, so könnt ihr sie nicht vernichten; sonst werdet ihr noch als Kämpfer gegen Gott dastehen.

[Hier Rabban Gamaliel zugeschrieben]

Apostelgeschichte 5, 38–39

Worte des lebendigen Gottes

Drei Jahre lang dauerte eine Debatte zwischen den Schulen von Schammai und Hillel. Diese bestanden darauf, dass das Gesetz nach ihrer Meinung festzulegen sei; und jene bestanden darauf, dass das Gesetz nach ihrer Meinung festzulegen sei.

Schließlich ertönte eine himmlische Stimme: „Die Meinungen dieser wie jener sind Worte des lebendigen Gottes! Jedoch soll das Gesetz nach den Bestimmungen der Schule Hillels festgelegt werden!"

Aber wie kann denn das sein? Da diese wie auch jene die „Worte des lebendigen Gottes" sind, was berechtigte die Schule Hillels, das Gesetz nur nach ihren Bestimmungen festlegen zu lassen?

Es geschah, weil die Weisen der Schule Hillels freundlich und bescheiden waren. Sie studierten nicht nur ihre eigenen Traditionen, sondern auch die Traditionen der Schule Schammais. Ja, sie tradierten sogar die Lehren der Schule Schammais, bevor sie ihre eigenen Lehren tradierten.

Nach b. *'Erubhin* 13b

V
UNTER NICHTJUDEN

Gottesfurcht, nicht Menschenfurcht

Rabbi Samuel ben Sosratai ging nach Rom, als die Kaiserin ein Armband verloren hatte. Er fand es.

Ein Herold zog durch das Reich und rief aus: „Wer das Armband innerhalb von dreißig Tagen zurückbringt, erhält eine Belohnung; wird es aber bei jemandem nach den dreißig Tagen gefunden, wird ihm der Kopf abgeschlagen!"

Rabbi Samuel brachte das Armband nicht innerhalb der dreißig Tage zurück. Er tat es erst, als die dreißig Tage vorüber waren.

Da sprach die Kaiserin zu ihm: „Warst du denn nicht im Reich?"

Er antwortete: „Doch!"

„Hast du den Ruf des Herolds gehört?"

„Ja, ich habe ihn gehört."

„Und was hast du ihn ausrufen gehört?"

Er erzählte es ihr.

„Warum hast du also nicht das Armband innerhalb der dreißig Tage zurückgebracht?"

Er antwortete: „So dass du nicht sagen sollst, dass ich *dich* fürchte. Ich habe es zurückgebracht, weil ich *Gott* fürchte."

Da sprach die Kaiserin: „Gelobt sei der Gott der Juden!"

Nach p. *Baba Mezi'a* II, 5, ed. Krotoschin, p. 8c

Der Gott von Simeon ben Schettach

Es geschah einmal, dass Rabbi Simeon ben Schettach von einem Araber einen Esel kaufte. Da kamen seine Jünger und fanden, dass ein Edelstein vom Halse des Esels hing.

Sie sprachen zu ihrem Lehrer: „Meister, hier bewährt sich doch Sprüche Salomos 10,22: ‚Der Segen des Herrn macht reich.'"

Er antwortete: „Den Esel habe ich gekauft. Den Edelstein habe ich nicht gekauft."

Er ging dann und gab dem Araber den Edelstein zurück.

Der Araber aber rief aus: „Gelobt sei der Herr, der Gott von Simeon ben Schettach!"

Deuteronomium Rabbah, III, 3

Im Bade der Aphrodite

Einst badete Rabban Gamaliel im Bade der Aphrodite zu Akko. Der Philosoph Proklos traf ihn dort an und sagte zu ihm: „Steht denn nicht in eurer Torah, dass ihr nicht den geringsten Gewinn von dem verbannten Götzendienst haben dürft? Wie kommst du also dazu, im Bade der Aphrodite zu baden?"

Rabban Gamaliel antwortete ihm: „Man darf über die Worte der Torah nicht im Bade diskutieren."

Nachdem er herausgegangen war, sprach er wie folgt: „Ich habe mich ja nicht in das Gebiet der Statue der Aphrodite begeben. Vielmehr ist sie in mein Gebiet gekommen. Man sagt ja auch nicht: ‚Das Bad ist der Aphrodite zur Zierde gemacht worden', sondern: ‚Eine Aphrodite ist dem Bade zur Zierde gemacht worden.' Das Verbot, auf das du dich beziehst, spricht nur von Götzen, die tatsächlich als Gottheiten angesehen werden. Was man aber nicht als einen Gott behandelt, ist erlaubt. Und das, was die Menschen im Bade tun, kann gewiss nicht als Gottesdienst betrachtet werden."

Nach *Mischnah 'Abhodah Zarah* 3,4

Der nahe Gott

Rabbi Tanchum erzählte:

Auf einem heidnischen Schiff, das auf dem Mittelmeer segelte, befand sich auch ein jüdisches Kind. Ein gewaltiger Sturm erhob sich auf dem Meer. Jeder einzelne Passagier griff nach seinem Götterbild und rief es an. Es nutzte aber nicht. Als die Leute sahen, dass das Anrufen der Götterbilder nichts nutzte, sprachen sie zu dem jüdischen Kind: „Steh auch du auf, Söhnchen, und ruf deinen Gott an. Wir haben nämlich gehört, dass Er euch antwortet, wenn ihr zu Ihm schreit, denn Er ist mächtig."

Das Kind stand sofort auf und schrie zu Gott mit seinem ganzen Herzen. Gott nahm sein Gebet an, und das Meer beruhigte sich.

Als sie am Trockenlande ausstiegen, ging ein jeder, seine Einkäufe zu machen, nur das jüdische Kind nicht. Da sprachen sie zu ihm: „Willst du dir nicht auch etwas kaufen?"

Das Kind antwortete: „Was wollt ihr von einem so elenden Fremdling, wie ich es bin?"

Die Leute erwiderten: „Du – ein elender Fremdling?! Wir sind doch die elenden Fremdlinge, denn wir sind hier, während unsere Götter in Rom oder in Babylonien sind. Ja, selbst die Leute, die ihre Götter hierher mitgebracht haben, wurden von ihren Göttern enttäuscht. Du aber, wo du auch hingehst, dein Gott ist mit dir."

Daher heißt es (Deuteronomium 4,7): „Denn welches großes Volk gibt es, dem die Götter so nahe sind, wie der Herr unser Gott uns nahe ist, so oft wir Ihn anrufen."

Nach p. *Berakhoth* IX, 1, ed. Krotoschin, p. 13b

Warum Gott den Götzendienst nicht abschafft

Unsere Meister lehrten:

Die nichtjüdischen Philosophen fragten die jüdischen Weisen in Rom: „Wenn euer Gott den Götzendienst nicht will, warum schafft Er ihn nicht ab?“

Die Weisen antworteten: „Wenn nur das vergöttert werden würde, was die Welt nicht braucht, dann würde Er gewiss den Götzendienst abschaffen. Aber die Menschen machen doch Gottheiten auch aus der Sonne, dem Mond, den Sternen und den Planeten. Soll Er etwa die ganze Welt zerstören, nur weil es Narren gibt?! Nein, die Welt geht naturgemäß weiter. Jedoch die Narren, welche Verderben anrichten, werden einst Rechenschaft ablegen müssen.“

Ähnlich verhält es sich mit jemandem, der ein Maß Weizen raubt und dann diesen Weizen aussät. Bei allem, was recht ist, sollte an sich dieser geraubte Weizen nicht sprießen. Aber die Welt geht naturgemäß weiter. Jedoch die Narren, welche Verderben anrichten, werden einst Rechenschaft ablegen müssen.

Nach b. *'Abhodah Zarah* 54b

Vorbildlich für die Juden

Rabbi Akiba sagte: „Aus drei Gründen liebe ich die Medier: Wenn sie das Fleisch schneiden, tun sie das nur auf dem Tisch. Wenn sie küssen, küssen sie nur die Hand. Und wenn sie sich beraten, tun sie das nur auf offenem Feld …"

Und Rabban Gamaliel sagte: „Aus drei Gründen liebe ich die Perser: Sie sind keusch in ihrer Art des Essens, keusch, wenn sie ihre Notdurft verrichten, und keusch in ihrem Geschlechtsleben."

Nach b. *Berakhoth* 8b

Feierliche Proklamation

„Es preisen Dich, Herr, alle Könige der Erde, wenn sie die Worte Deines Mundes hören." (Psalm 138,4)

Als Er sprach: „Ich bin der Herr, dein Gott" (Exodus 20,2), da sagten sich die Könige der Völker: „Welcher König will schon, dass man ihn *nicht* anerkennt? So will auch der Heilige, gelobt sei Er, dass man Ihn nicht verleugnet."

Als Er sprach: „Du sollst neben Mir keine anderen Götter haben" (Exodus 20,3), da sagten sie sich: „Welcher König will schon seine Herrschaft mit einem anderen teilen?"

Als der Heilige, gelobt sei Er, sprach: „Du sollst den Namen des Herrn, deines Gottes nicht missbrauchen" (Exodus 20,7), da sagten sie sich: „Welcher König will schon, dass man bei seinem Namen schwört und lügt?"

Als der Heilige, gelobt sei Er, sprach: „Gedenke des Sabbathtages, ihn zu heiligen" (Exodus 20,8), da sagten sie sich: „Welcher König würde denn schon darauf verzichten, dass man seinen Geburtstag in Ehren hält? So will eben der Heilige, gelobt sei Er, dass die Israeliten den Sabbathtag in Ehren halten."

Als Er aber sprach: „Ehre deinen Vater und deine Mutter" (Exodus 20,12), da sagten sie: „Wenn sich nach unseren Gesetzen jemand durch feierlichen Schwur dem König als Diener verschreibt, dann muss er seinen eigenen Eltern entsagen. Dieser dagegen verlangt in feierlicher Proklamation: ‚Ehre deinen Vater und deine Mutter!'"

Da standen sie von ihren Thronen auf und priesen den Heiligen, gelobt sei Er.

Pessiqta Rabbathi, Kap. 23/24, ed. Friedmann, p. 121 a, b

VI
AUSERWÄHLUNG UND LIEBE ZUR TORAH

Nur Israel wollte die Torah haben

Als sich der Heilige, gelobt sei Er, offenbarte, um Israel die Torah zu geben, da offenbarte Er sie nicht nur Israel allein, sondern Er bot sie auch allen anderen Völkern an. Er ging zuerst zu den Söhnen Esaus und fragte sie: „Wollt ihr die Torah in Empfang nehmen?"

Da sprachen sie: „Was steht denn darin geschrieben?"

Gott antwortete: „Du sollst nicht morden!" (Exodus 20,13)

Die Söhne Esaus aber sprachen: „Herr der Welt, es war doch das ganze Wesen unseres Ahnherrn, Mörder zu sein, wie es heißt (Genesis 27,22): ‚Die Hände sind Esaus Hände' und (Genesis 27,40): ‚Von deinem Schwerte wirst du dich nähren.' Wir können die Torah nicht in Empfang nehmen."

Gott ging dann zu den Ammonitern und Moabitern und fragte sie: „Wollt ihr die Torah in Empfang nehmen?"

Da sprachen sie: „Was steht denn darin geschrieben?"

Gott antwortete: „Du sollst nicht ehebrechen!" (Exodus 20,14)

Die Ammoniter und Moabiter aber sprachen: „Herr der Welt, unser ganzes Wesen liegt doch darin, dass wir der Unzucht entstammen, wie es heißt (Genesis 19,36): ‚Also wurden die beiden Töchter Lots schwanger von ihrem Vater.' Wir können die Torah nicht in Empfang nehmen."

Gott ging dann zu den Ismaeliten und fragte sie: „Wollt ihr die Torah in Empfang nehmen?"

Da sprachen sie: „Was steht denn darin geschrieben?"

Gott antwortete: „Du sollst nicht stehlen!" (Exodus 20,15)

Die Ismaeliten aber sprachen: „Herr der Welt, es war doch das ganze Wesen unseres Ahnherrn, dass er ein Räuber war, wie es heißt (Genesis 16,12): ‚Er wird ein wilder Mensch sein; seine

Hand wider jedermann und jedermanns Hand wider ihn.' Wir können die Torah nicht in Empfang nehmen."

Und so ging Gott von Nation zu Nation und bot ihnen die Torah an. Aber keiner wollte die Torah haben.

Erst am Ende kam er zu den Israeliten. Ohne zu fragen, was denn in der Torah geschrieben steht, antworteten die Israeliten sofort: „Alles, was der Herr gesagt hat, wollen wir tun und verstehen lernen." (Exodus 24,7)

Nach *Sifré zum Deuteronomium, Pissqa* 343, ed. Finkelstein, S. 295–397; vgl. *Pessiqta Rabbathi* 21, ed. Friedmann, p. 99b

Das Joch

Die Gemeinde Israels sprach zu dem Heiligen, gelobt sei Er: Herr der Welt, Du hast mich überredet, bevor Du mir die Torah gegeben hast; und dann hast Du mir das Joch der Gebote auf den Hals gelegt, so dass ich bei Übertretung der Gebote bestraft werde. Hätte ich die Torah nicht angenommen, wo würde ich wie jedes andere Volk sein, das weder belohnt noch bestraft wird.

Pessiqta Rabbathi, Kap. 21, ed. Friedmann, p. 107a

Schöpfung und Offenbarung

Rabbi Simeon ben Lakisch lehrte:

Im hebräischen Urtext der Schöpfungsgeschichte heißt es nach der Schöpfung an jedem Tage: „Es ward Abend, und es ward Morgen, ein Tag“ (Genesis 1,5), oder „Es ward Abend, und es ward Morgen, ein zweiter Tag“ (Genesis 1,8), oder „Es ward Abend, und es ward Morgen, ein dritter Tag“ (Genesis 1,13). Aber nach der Schöpfung am sechsten Tag heißt es (Genesis 1,31): „Es ward Abend, und es ward Morgen, *der* sechste Tag.“

Was ist die besondere Bedeutung gerade des sechsten Tages?

Es wird hier auf den sechsten Tag des Monats Siwan aufmerksam gemacht, an dem einst Israel die Torah am Berge Sinai empfangen wird.

Das lehrt uns, dass der Heilige, gelobt sei Er, mit den Werken der Schöpfung eine Bedingung ausgemacht hat:

„Wenn die Israeliten die Torah annehmen, dann werdet ihr bestehen. Nehmen sie aber die Torah nicht an, dann lasse ich euch in die ‚Öde und Leere‘, die vor der Schöpfung bestand, zurückversinken.“

Nach b. *Schabbath* 88a

Das Licht

Rabbi Jochanan predigte über den Text von Psalm 36,10:

„Denn Du bist die Quelle des Lebens,
in Deinem Licht sehen wir Licht."

Es geschah einmal, dass ein Mann eine Laterne anzündete und seines Weges ging. Doch das Licht ging aus. Er zündete die Laterne wieder an, und wiederum erlosch sie. Das geschah immerfort. Jedes Mal, nachdem er die Laterne anzündete, ging sie wieder aus.

Schließlich sagte sich der Mann: „Wie lange soll ich mich mit dieser Laterne ermüden? Ich werde warten, bis die Sonne scheint, und dann werde ich im Sonnenlicht einhergehen."

So geschah es auch den Israeliten. Sie waren in Ägypten versklavt. Da stand Moses auf und befreite sie. Aber sie wurden durch Babylon wieder versklavt. Da standen Daniel, Hananiah, Mischael und Asarjah auf und befreiten sie. Jedoch wurden sie in Elam, Medien und Persien wieder versklavt. Da standen Mordechai und Esther auf und erlösten sie. Danach wurden sie von Hellas versklavt, und die Makkabäer erlösten sie. Und nun hat sie das böse Rom versklavt.

Heute sprechen die Israeliten: „Wir sind jetzt des Sklaveseins und des Erlöstwerdens, des Sklaveseins und des Erlöstwerdens müde. Lasst uns nicht mehr um Erlösung durch Fleisch und Blut beten, sondern nur um Erlösung durch unseren Erlöser, den Herrn der Heerscharen, dessen Name ‚der Heilige Israels' ist. Lasst uns jetzt nicht darum beten, dass Fleisch und Blut uns Licht gebe, sondern nur darum, dass der Heilige, gelobt sei Er, uns Licht gebe."

Daher heißt es auch: „Denn Du bist die Quelle des Lebens; in Deinem Licht sehen wir Licht." Und es heißt (Psalm 118,27): „Der Herr ist Gott, und Er leuchtet uns."

Nach *Midrasch Tehillim* 36,6, ed. Buber, p. 125b

Kein „Altes“ Testament

„Und diese Worte, die ich dir heute befehle, sollen in deinem Herzen sein.“

Deuteronomium 6,6

„Die ich dir *heute* befehle.“ Dass sie in deinen Augen nicht seien wie eine alte Verordnung, die niemand beachtet, sondern wie eine neue Verordnung, der alle entgegenlaufen.

Nach *Sifré zum Deuteronomium, Pissqa* 33, ed. Finkelstein, S. 59

Immer noch lieb

Rabbi Judah sprach zu Ehren der Torah, indem er Deuteronomium 27,9 erklärte:

„Merke und höre zu, Israel!
Heute an diesem Tage,
wirst du zum Volke des Herrn,
deines Gottes.“

Wie konnte Moses in diesem Zusammenhang das Wort „heute“ gebrauchen? Moses hat doch diese Rede erst am Ende der vierzigjährigen Wüstenwanderung gehalten – und Israel ist doch bereits vor vierzig Jahren, durch die sinaitische Offenbarung Gottes Volk geworden!

Vielmehr will dich der Schriftvers belehren, dass denjenigen, die dem täglichen Torahstudium obliegen, die Torah so lieb ist wie an dem Tage, wo sie am Berge Sinai gegeben wurde.

Nach b. *Berakhoth* 63b

Die Liebesgabe

Rabbi Eleasar, Sohn des Rabbi Zadok, sagte:

Mein Vater pflegte am Sabbatheingang folgendes kurzes Gebet zu sprechen:

„Aus Deiner Liebe, Herr, unser Gott, mit der Du Dein Volk Israel geliebt hast, und aus Deinem Erbarmen, unser König, das Du Deinen Bundesgenossen erwiesen, hast Du uns, Herr, unser Gott, diesen großen und heiligen siebenten Tag in Liebe gegeben."

Tossephta Berakhoth 3,7, ed. Liebermann, S. 13f

VII
LEBEN IN DER WELT

„Weltlich“

Einst rügte Raw Huna seinen Sohn Rabbah: „Warum befindest du dich eigentlich nicht bei den Lehrvorträgen des Raw Chisda? Es wird doch von ihm gesagt, dass seine Lehre sehr scharfsinnig sei.“

Da antwortete der Sohn: „Warum soll ich zu ihm gehen? Wenn ich dort bin, spricht Raw Chisda immer nur von weltlichen Dingen. Er redet von den Funktionen der Verdauungsorgane und von anderen rein physischen Angelegenheiten.“

Der Vater aber sprach zu ihm: „Raw Chisda redet von den Geschöpfen Gottes, und du nennst das ‚weltlich‘! Geh zu ihm hin!“

Nach b. *Schabbath* 82a

Gott liefert nur das Rohmaterial

Einst fragte der böse römische Statthalter, Tineius Rufus, den Rabbi Akiba: „Wessen Werke sind eigentlich schöner, die Werke Gottes oder die Werke der Menschen?“

Rabbi Akiba antwortete: „Die Werke der Menschen!“

Auf diese Antwort war der Statthalter natürlich nicht gefasst, und er erwiderte: „Kannst du so etwas wie Himmel und Erde machen?“

Darauf Akiba: „Komm mir doch nicht mit Sachen, die außerhalb der menschlichen Macht liegen, sondern sprechen wir über etwas, das es unter den Menschen gibt.“

Rabbi Akiba ließ nun Ähren vom Feld und schöne, ansehnliche Brote von der Bäckerei holen. Er zeigte auf die Ähren und sprach: „Das ist das Werk Gottes.“ Dann wies er auf die Brote und sprach: „Und das ist das Werk der Menschen. Ist es nicht schöner als das Werk Gottes?“

Danach ließ Akiba Flachsbündel vom Feld und feine Kleider aus Beisan holen. Wiederum nannte er das Naturprodukt „Werk Gottes“ und die Handarbeit nannte er „Werk des Menschen“.

Dann wiederholte er seine Frage: „Ist denn das Werk der Menschen nicht schöner als das Werk Gottes?“

Nach *Midrasch Tanḥuma*, Tazri'a 7, ed. Buber, p. 18a

Wollt ihr meine Welt vernichten?

Zur Zeit der römischen Besetzung Judaeas saßen einst Rabbi Judah bar Ila'i, Rabbi Jossé und Rabbi Simeon bar Jochai beisammen. In ihrer Nähe saß Judah, der Sohn von Proselyten.

Rabbi Judah bar Ila'i eröffnete die Unterhaltung, indem er sagte: „Wie schön sind doch die Werke dieser Römer! Sie haben Marktplätze gebaut. Sie haben Brücken errichtet. Sie haben Badehäuser eröffnet."

Rabbi Jossé schwieg.

Aber Rabbi Simeon antwortete und sprach: „Was auch die Römer gebaut haben, haben sie doch nur für sich selbst gebaut! Sie haben Marktplätze gebaut, damit sie Prostituierte dort ansiedeln können. Sie haben Brücken errichtet, damit sie dort Zoll einnehmen können. Sie haben Badehäuser eröffnet, damit sie sich selbst in ihnen verjüngen können."

Judah, der Sohn von Proselyten, erstattete bei den Behörden Bericht über diese Unterhaltung. Daraufhin verordnete die Regierung: „Judah bar Ila'i, der uns gepriesen hat, soll selbst gepriesen werden. Jossé, der geschwiegen hat, soll nach Sepphoris verbannt werden. Simeon, der uns kritisiert hat, soll getötet werden."

Da verbargen sich Simeon und sein Sohn im Lehrhaus. Seine Frau brachte ihnen täglich ein Brot und einen Krug Wasser. Als aber die Verfolgung schlimmer wurde und sie fürchteten, im Lehrhaus entdeckt zu werden, verbargen sie sich in einer Höhle.

Dort geschah ihnen ein Wunder. Ein Johannisbrotbaum wuchs für sie auf, und ein Wasserquell sprudelte für sie.

Sie entkleideten sich und saßen bis zu ihrem Halse im Sand, und täglich studierten sie den ganzen Tag lang die Torah. Nur zu den Gebetszeiten legten sie ihre Kleider an und beteten. Dann zogen sie die Kleider wieder aus, damit sie sich nicht zu sehr abtrügen. Und so blieben Rabbi Simeon bar Jochai und sein Sohn zwölf Jahre lang in der Höhle.

Dann kam der Prophet Elia, stellte sich an den Höhleneingang und rief: „Wer wird es dem Sohne Jochais kundtun, dass der Kaiser gestorben ist und dass seine Verordnung rückgängig gemacht wurde?"

Da verließen sie die Höhle.

Als sie dann auf offenem Feld Bauern sahen, die pflügten und säten, sagten sie ärgerlich: „Diese Menschen vernachlässigen das ewige Leben (d. h. das Torahstudium, das zum ewigen Leben führt) und befassen sich mit weltlichen Dingen!" Und alles, worauf sie ihren Blick richteten, wurde sofort verbrannt.

Da ließ sich eine himmlische Stimme vernehmen: „Seid ihr aus eurer Höhle herausgekommen, um Meine Welt zu vernichten? Geht zurück in eure Höhle!"

Nach b. *Schabbath* 33b; vgl. p. *Shebhi'ith* IX, 1, ed. Krotoschin, p. 38d und Parallelen

Eitles Gebet

Wenn jemand um etwas, was nicht rückgängig zu machen ist, schreit, dann ist das ein eitles Gebet.

Wie ist das zu verstehen?

Wenn einer, dessen Frau schwanger ist, sagt: „Möge es Gottes Wille sein, dass meine Frau einen Knaben gebiert“, dann ist das ein eitles Gebet.

Wenn jemand dahergeht und Schreie aus der Richtung der Stadt hört und betet: „Möge es Gottes Wille sein, dass das nicht Mitglieder meiner Familie sind“, dann ist das ein eitles Gebet.

Nach *Mischnah Berakhoth* 9,3

Auch keine Notlügen

Rawa lehrte:

Früher dachte ich, dass es in der Welt keine Wahrheit gäbe. Doch dann kam ein Rabbi zu mir, er hieß Raw Tabuth, andere meinen, er hieß Raw Tabjomi, der nie lügen würde – auch nicht für alle Schätze in der ganzen Welt.

Er erzählte mir, dass er einmal in die Stadt Quschta (das aramäische Wort für „Wahrheit") kam – eine Stadt, in welcher niemand je log und auch niemand je vor seiner Zeit starb.

Dort heiratete er eine Frau aus dem Ort, und sie gebar ihm zwei Söhne.

Eines Tages war seine Frau gerade dabei, sich das Haar zu waschen. Da klopfte eine Nachbarin an die Tür und wollte sie besuchen. Der Rabbi aber meinte, dass es nicht gut gesittet sei, der Nachbarin zu erzählen, dass seine Frau gerade beim Haare waschen ist. Deshalb rief er ihr zu: „Meine Frau ist nicht zu Hause!"

Da starben seine beiden Söhne.

Nun kamen die Bewohner der Stadt zu ihm und fragten ihn: „Was ist der Grund für dieses Unglück?"

Er erzählte ihnen, was geschehen war.

Darauf baten sie ihn: „Bitte verlasse diese Stadt, und reize den Tod nicht gegen uns auf!"

b. *Sanhedrin* 97 a

Das irdene Gefäß

Rabbi Josua ben Chananja war sehr hässlich.

Eines Tages sagte die Tochter des Kaisers zu Rabbi Josua: „Solche schöne Weisheit in so einem hässlichen Gefäß!“

Er antwortete: „Lerne den Grund dafür in deines Vaters Palast. Worin wird bei euch der Wein aufbewahrt?“

„In irdenen Gefäßen“, antwortete sie.

Rabbi Josua warf ein: „So macht es doch das gewöhnliche Volk auch, das Wein in irdenen Gefäßen aufbewahrt. Und das tust du! Du solltest doch deinen Wein in goldenen und silbernen Gefäßen aufbewahren.“

Sie ging nach Hause und ließ den Wein in goldene und silberne Gefäße umgießen.

Da wurde der Wein sauer.

Rabbi Josua sagte ihr dann: „So geht es mit der Torah auch.“

Darauf die Kaiserstochter: „Aber gibt es denn nicht schöne Menschen, die trotzdem gelehrt sind?“

„Gewiss!“ antwortete der Rabbi. „Aber sie würden noch gelehrter sein, wenn sie hässlicher wären.“

Nach b. *Nedarim* 50b. Vgl. b. *Ta'anith* 7a

Die kalten Speisen

Als der Sohn von Rabbi Simeon ben Rabbi heiratete, lud Rabbi Simeon alle Rabbinen zu einem Hochzeitsmahl ein, aber nicht den Bar Kappara.

Da ging Bar Kappara und schrieb auf das Tor von Rabbi Simeons Haus:

„Nach seiner Freude kommt der Tod.
Welchen Gewinn hat er an seiner Freude?"

Als Rabbi Simeon diese Aufschrift sah, fragte er: „Wer hat mir das angetan? Wen haben wir vergessen, einzuladen?"

Da wurde ihm gesagt, dass es Bar Kappara war.

Rabbi Simeon sprach: „Morgen gebe ich ein Gastmahl ganz besonders ihm zur Ehre."

Er bereitete das Gastmahl, lud alle Rabbinen ein und natürlich auch Bar Kappara.

Als die Gäste ankamen und die Gerichte hereingebracht wurden, erzählte Bar Kappara bei jedem Gericht, das gebracht wurde, dreihundert Gleichnisse über einen Fuchs. Die Gäste hörten so gespannt zu, dass die Gerichte stehen blieben und kalt wurden.

Da fragte Rabbi Simeon seine Diener: „Warum bleiben die Speisen unberührt?"

Sie antworteten: „Da sitzt ein alter Mann, und, wenn die Gerichte hereingebracht werden, erzählt er bei jedem Gericht dreihundert Gleichnisse über einen Fuchs – bis die Gerichte kalt geworden sind und nicht mehr gegessen werden."

Rabbi Simeon ging nun auf Bar Kappara zu und sprach: „Warum lässt du meine Gäste nicht essen?"

Bar Kappara antwortete: „Was gehen mich deine Gäste an? Ich bin doch nur gekommen, um dir zu beweisen, dass Salomo mit Recht klagte: ‚Was hat der Mensch für Gewinn von all seiner Mühe?' (Prediger Salomo 1,3)."

Nach *Leviticus Rabbah* XXVIII, 2, ed. Margulies, S. 653–654. Vgl. *Qoheleth Rabbah* I, 3

Die Arbeiter im Weinberg

Als Rabbi Bun, Sohn des Rabbi Chija starb, hielt Rabbi Sera ihm die Trauerrede. Er nahm als seinen Text Prediger Salomo 5,11: „Süß ist der Schlaf des Arbeiters, hat er nun wenig oder viel gegessen."

Ich werde euch sagen, mit wem Rabbi Bun zu vergleichen ist. Ein König hatte einen Weinberg. Er stellte Arbeiter in ihm an. Nun war unter den Arbeitern einer, der mehr als alle anderen leistete. Als der König sah, wie fleißig dieser Arbeiter in seiner Arbeit war, nahm er ihn bei der Hand und fing an, mit ihm spazieren zu gehen.

Als aber am Abend die Arbeiter kamen, ihren Lohn zu empfangen, war auch dieser Arbeiter unter ihnen. Der König bezahlte ihm so viel wie den anderen.

Da beschwerten sich die anderen Arbeiter und sprachen: „Unser Herr und König, während wir den ganzen Tag hindurch gearbeitet haben, hat dieser Mann nur zwei oder drei Stunden lang gearbeitet. Soll er nun denselben Lohn bekommen wie wir?"

Der König antwortete: „Warum ärgert ihr euch? Dieser Mann hat in zwei oder drei Stunden so viel geschafft, wie ihr am ganzen Tag geleistet habt."

So hat auch Rabbi Bun in seinen achtundzwanzig Jahren mehr auf dem Gebiet der Torah geleistet, als ein beflissener Schüler in hundert Jahren erreichen könnte.

Nach *Schir Haschirim Rabbah* VI, 2, vi. Vgl. p. *Berakhoth* II, 8, ed. Krotoschin, p. 5c; Matthäus 20,1–16

Der Fuchs und der Weinberg

„Wie der Mensch nackt aus dem Leibe seiner Mutter gekommen ist, so kehrt er auch nackt wieder zurück, wie er gekommen ist; und nicht das Geringste, das er mit sich führte, trägt er davon von seiner Mühe."

Prediger Salomo 5,14

Geniwa sagte:

Das lässt sich mit einem Fuchs vergleichen, der einen Weinberg fand. Der Weinberg war jedoch an allen Seiten von einem Zaun umringt. Zwar fand der Fuchs ein Loch, durch das er hindurch wollte; aber es gelang ihm nicht. Was tat er? Er fastete drei Tage lang, bis er ganz dünn wurde; und so kam er endlich durch das Loch hindurch.

Dann fraß er die Trauben und wurde dadurch wieder dick.

Daher gelang es ihm nicht, wieder durch das Loch zu kriechen, als er wieder hinaus wollte. So fastete er denn wieder drei Tage, bis er dünn genug wurde, aus dem Weinberg hinaus zu kommen.

Als er draußen war, schaute er auf den Weinberg und sprach: „O Weinberg, o Weinberg, wie gut bist du, und wie gut sind deine Früchte! Alles, was in dir ist, ist schön und lobenswert. Aber welchen Nutzen hat man von dir? So wie man in dich hineinkommt, muss man auch wieder hinaus."

So ist es auch mit dieser Welt.

Nach *Qoheleth Rabbah* V, 14

VIII
LOHN UND VERGÜTUNG

Er ließ den Vater arbeiten und kam ins Paradies

Einer gab seinem Vater fettes Geflügel zu essen, und er kam dennoch in die Hölle. Ein anderer spannte seinen Vater an die Mühle an, und er erwarb sich trotzdem das Paradies.

Wie hatte es sich im ersten Fall zugetragen?

Ein Mann ernährte seinen Vater mit fettem Geflügel. Als der Vater ihn einmal fragte, wie er sich denn das teure Geflügel leisten könnte, wies ihn der Sohn ab: „Du Alter, friss und kau – so wie die Hunde fressen und kauen!"

So hatte der Mann zwar seinen Vater mit fettem Geflügel ernährt; er kam aber dennoch in die Hölle.

Im zweiten Fall ging es folgendermaßen vor sich:

Ein Mann war damit beschäftigt, in der Mühle zu mahlen. Da kamen die Häscher, um den Vater zur Zwangsarbeit für die Regierung zu holen. Der Sohn aber sprach zum Vater: „Vater, mahle für mich. Wenn es nämlich bei der Zwangsarbeit zu Beschämungen kommt, sollen sie lieber mir als dir geschehen. Wenn es zu Schlägen kommt, sollen sie lieber mich als dich treffen."

So geschah es, dass er zwar seinen alten Vater an die Mühle anspannte, sich aber trotzdem das Paradies erwarb.

P. *Qidduschin* I, 7, ed. Krotoschin, p. 61b; vgl. b. *Qidduschin* 31a, b; *Pessiqta Rabbathi,* Kap. 23/24, ed. Friedmann, p. 122b–123a

Das Gebot der Elternehre

Einst wurde Rabbi Elieser gefragt: „Wie weit erstreckt sich eigentlich die Ehre, die wir den Eltern schulden?"

Er antwortete: „Warum fragt ihr mich? Fragt doch den Dama ben Nethina!"

Dama ben Nethina, ein Heide, war Oberhaupt der Ratsversammlung in Askalon. Eines Tages schlug ihn seine Mutter mit einem Schuh vor der ganzen anwesenden Ratsversammlung. Da fiel ihr der Schuh aus der Hand. Dama aber hob den Schuh auf und gab ihn seiner Mutter zurück, damit sie sich nicht zu bemühen brauche.

Auch saß Dama nie auf dem Stein, auf dem sein Vater saß. Als sein Vater starb, verehrte Dama diesen Stein als einen heiligen Gegenstand.

Einmal ging der Jaspis aus dem Brustschild des Hohenpriesters (vgl. Exodus 28, 15–21) verloren. Der Jaspis repräsentierte den Stamm Benjamin. Man fragte nun, wer einen solchen Stein habe, und erhielt die Auskunft, dass Dama ben Nethina einen Jaspis besaß.

Da kamen die Weisen Israels zu Dama ben Nethina und vereinbarten mit ihm, den Stein für hundert Denarii zu kaufen. Als aber Dama den Stein holen wollte, fand er, dass sein Vater auf dem Kästchen, in dem der Jaspis aufbewahrt wurde, schlief; und er weigerte sich, seinen Vater deshalb zu wecken. Die Weisen boten ihm nun zweihundert Denarii an, da der Jaspis so dringend gebraucht wurde. Jedoch Dama weigerte sich immer noch, seinen Vater zu wecken. Da boten ihm die Weisen eintausend Denarii an. Aber Dama weckte seinen Vater nicht. Als dann der Vater später erwachte, brachte Dama den Weisen den Stein. Sie wollten ihm dafür den zuletzt angebotenen Preis von eintausend Denarii zahlen. Er aber sprach: „Wie sollte ich euch die Ehre, die ich meinem Vater schulde, für Geld verkaufen! Ich will mir dafür nichts bezahlen lassen.“ Er verkaufte ihnen den Jaspis für die zuerst vereinbarten einhundert Denarii.

Wie hat Gott ihn dafür belohnt? Rabbi Jossé bar Abun erzählte, dass Damas Kuh in derselben Nacht ein rotes Kalb gebar; und als die Israeliten eine rote Kuh zum Reinigungsritual (vgl. Numeri 19, 1–22) brauchten, gaben sie dem Dama für die Kuh ihr Gewicht in Gold.

Nach p. *Pe-ah I, 1,* ed. Krotoschin, p. 15c; vgl. b. *Qidduschin* 31a

Rabbi Akiba lachte

Rabbah bar Bar Chanah lehrte:

Als Rabbi Elieser erkrankte, kamen seine Schüler, um ihn zu besuchen.

Er sprach zu ihnen: „Gott muss wohl sehr böse mit mir sein."

Da weinten sie alle, aber Rabbi Akiba lachte.

„Warum lachst du?" fragten sie ihn.

„Und warum weint ihr?" fragte er sie.

Sie antworteten: „Soll ‚die Torahrolle' (wie sie Rabbi Elieser nannten) hier in Schmerzen liegen und wir nicht weinen?"

Da erwiderte Rabbi Akiba: „Gerade deshalb lache ich. Solang ich sah, dass des Meisters Wein nie sauer wurde, dass sein Flachs nie vernichtet wurde, sein Öl nie verfaulte, und sein Honig nie ranzig wurde, dachte ich mir, dass er, Gott behüte!, schon seinen ganzen Lohn auf dieser Welt erhalten hat. Aber jetzt, wo ich ihn in Schmerzen liegen sehe, bin ich froh, weil ich weiß, dass sein Lohn ihn in der kommenden Welt erwartet."

Nun fragte ihn Rabbi Elieser: „Akiba, habe ich einen Teil der ganzen Torah vernachlässigt?"

Akiba antwortete: „Meister, du hast uns doch selbst den Bibelvers gelehrt: ‚Denn unter Menschen ist kein Bewährter, der das Gute tut und nie sündigt' " (Prediger Salomo 7,20).

Nach b. *Sanhedrin* 101 a

Der Fuchs und die Fische

Es lehrten unsere Meister:

Die böse römische Regierung verbat den Juden einmal, die Torah zu studieren und nach der Torah zu leben.

Da kam Pappus ben Judah und sah, dass Rabbi Akiba öffentliche Versammlungen einberief und sich mit der Torah befasste.

Er sprach zu ihm: „Akiba, hast du denn keine Angst vor der Regierung?"

Akiba antwortete: „Ich will dir mit einem Gleichnis die Sache erklären:

Ein Fuchs ging einmal am Rande eines Flusses spazieren. Er sah die Fische, wie sie in Schwärmen von einem Platz zum anderen schwammen. Da fragte er sie: ‚Wem wollt ihr denn entrinnen?'

Die Fische antworteten: ‚Den Netzen, die die Menschen für uns ausgeworfen haben.'

Darauf der Fuchs: ‚Warum kommt ihr denn nicht hinauf aufs Land, sodass wir, ihr und ich, friedlich miteinander leben können, wie das schon meine Väter mit euren Vätern getan haben?'

Die Fische erwiderten: ‚Bist du wirklich derjenige, den man das klügste unter den Tieren nennt? Du bist ja gar nicht klug, sondern ganz dumm. Wenn wir schon Angst haben in dem Element, in dem wir leben, wie viel ängstlicher würden wir da sein, wo wir mit Sicherheit sterben!'"

„Und so", fuhr Rabbi Akiba fort, „ist es auch mit uns. Sind wir schon in einer schlimmen Lage, wenn wir sitzen und die Torah lernen, von der es heißt (Deuteronomium 30,20): ‚Sie ist dein Leben und die Länge deiner Tage', wie viel schlimmer würde unsere Lage sein, wenn wir die Torah vernachlässigten!"

Nach b. *Berakhoth* 61b

Verbotene Gedanken

Rabbi Berechja erzählte:

Es geschah einmal, dass ein frommer Mann an einem Sabbath in seinem Weinberg spazieren ging, um ausfindig zu machen, welche Arbeit im Weinberg zu leisten sei. Da sah er eine Bresche im Zaun und beschloss, sie nach Sabbathende zu reparieren. Dann aber sprach er: „Weil ich darüber an einem Sabbath nachgedacht habe, werde ich diese Bresche jetzt nie reparieren." Wie hat ihn der Heilige, gelobt sei Er, dafür belohnt? Ein Kaperbaum wuchs in der Bresche auf und vervollständigte den Zaun um den Weinberg; und von diesem Kaperbaum konnte sich der fromme Mann alle Tage seines Lebens ernähren.

Pessiqta Rabbathi, Kap. 23, ed. Friedmann, p. 116b

Beim Vater im Himmel beliebt

„… der aber Gnade erweist bis ins tausendste Geschlecht derer, die Mich lieben und Meine Gebote halten."

„Die Mich lieben" bezieht sich auf unseren Vater Abraham und auf Menschen, die ihm ähnlich sind.

„Und Meine Gebote halten" bezieht sich auf die Propheten und auf die Ältesten.

Rabbi Nathan sagt: „Die Mich lieben und Meine Gebote halten" bezieht sich auf diejenigen, die (zur Zeit der römischen Besetzung und Religionsverfolgung) im Lande Israel leben und ihr Leben für die Gebote opfern.

„Warum wirst du hinausgeführt, um enthauptet zu werden?"

„Weil ich meinen Sohn als Juden beschnitten habe."

„Warum wirst du hinausgeführt, um verbrannt zu werden?"

„Weil ich aus der Torah vorgelesen habe."

„Warum wirst du hinausgeführt, um gekreuzigt zu werden?"

„Weil ich (am Passahfest) ungesäuertes Brot gegessen habe."

„Warum wirst du hinausgeführt, um mit hundert Prügelhieben gegeißelt zu werden?"

„Weil ich (am Laubhüttenfest) den Feststrauß (vgl. Leviticus 23,40) in die Hand genommen habe."

Diese Wunden machen mich bei meinem Vater im Himmel beliebt.

Mekhilta, Baḥodesch, Kap. 6, ed. Horovitz-Rabin, S. 227

Warum Rabbi Judah litt ... und geheilt wurde

Ein Kalb wurde einmal zum Schlachten geführt. Da lief es davon, versteckte seinen Kopf unter dem Gewand Rabbi Judahs des Patriarchen und brüllte.

Rabbi Judah aber stieß es von sich, indem er sprach: „Geh fort! Dazu bist du doch erschaffen worden."

Da sagte man im Himmel: „Weil er kein Mitleid hat, wollen wir Leiden auf ihn bringen."

Er litt dann auch dreizehn Jahre lang an verschiedenen Krankheiten.

Eines Tages kehrte Rabbi Judahs Magd das Haus mit ihrem Besen und fand ein paar junge Wiesel herumliegen. Sie machte sich daran, die Tiere aus dem Hause zu fegen. Doch Rabbi Judah rief ihr zu: „Lass sie sein! Es heißt doch (Psalm 145,9): ‚Sein Erbarmen ist über all Seinen Werken.'"

Da sagte man im Himmel: „Weil er barmherzig ist, wollen auch wir ihm gegenüber barmherzig sein."

So wurde Rabbi Judah von seinen Krankheiten geheilt.

Nach b. *Baba Mezi'a* 85a

Diese Welt und die kommende Welt

Rabbi Jakob sagte:

Diese Welt gleicht einer Vorhalle zur kommenden Welt. Rüste dich in der Vorhalle, auf dass du in den Festsaal einziehen darfst.

Auch sagte er:

Eine Stunde der Buße und guter Werke in dieser Welt ist mehr wert als alle Wonnen des zukünftigen Lebens. Aber die Seligkeit einer Stunde in der kommenden Welt ist mehr wert als alles Leben in dieser Welt.

Nach *Mischnah Abboth* 4,16–17

IX
VON DER SCHWIERIGKEIT ZU URTEILEN

Einmal in siebzig Jahren

Ein Gerichtshof, der einmal in sieben Jahren ein Todesurteil vollstrecken lässt, wird ein Verderben bringender Gerichtshof genannt.

Rabbi Eleasar ben Asarja sagte: Das trifft schon zu, wenn es einmal in siebzig Jahren geschieht.

Rabbi Akiba und Rabbi Tarphon sagen beide: Wenn wir im Synedrion gesessen hätten, dann würde nie ein Mensch hingerichtet worden sein.

Rabbi Simeon ben Gamaliel wandte dagegen ein: Dann würden sie aber die Mörder in Israel vermehrt haben.

Mischnah Makkoth 1,10

Der Dieb und der Räuber

Das Gesetz im Pentateuch macht einen Unterschied zwischen dem Dieb und dem Räuber. Der Dieb muss in gewissen Fällen, laut Exodus 21,37, das Vier- oder Fünffache zurückerstatten. Dagegen wird von dem Räuber, laut Leviticus 5,23 nur die Rückerstattung des von ihm Geraubten verlangt.

Rabban Jochanan ben Sakkai wurde von seinen Schülern gefragt: Warum bestraft die Torah den Dieb schwerer als den Räuber?

Er antwortete:

Der Räuber (der sein Verbrechen in aller Öffentlichkeit begeht) setzt die Ehre des Meisters (d. h. Gottes) der Ehre des Dieners (d. h. der Menschen) gleich. Der Dieb aber (der im Geheimen stiehlt) setzt die Ehre des Meisters nicht der Ehre des Dieners gleich. Ja, wenn man so sagen könnte, tut er so, als ob Gottes Auge nichts sieht und Gottes Ohr nichts hört, wie es in Jesaja 29,15 heißt: „Wehe denen, die verborgen sein wollen vor dem Herrn, ihr Vornehmen zu verhehlen und ihr Tun im Finstern zu halten und sprechen: ‚Wer sieht uns, und wer kennt uns?'" Oder wie es in Psalm 94,7 heißt: „Sie sprechen: ‚Der Herr sieht es nicht, und der Gott Jakobs merkt es nicht.'" Oder wie es in Ezechiel 9,9 heißt: „Denn sie sprechen: ‚Der Herr hat das Land verlassen, und der Herr sieht nicht.'"

Rabbi Meir erzählte folgendes Gleichnis im Namen Rabban Gamaliels:

Mit wem sind der Dieb und der Räuber zu vergleichen? Mit zwei Menschen, die in einer Stadt wohnten und Festgelage gaben. Einer lud die Stadtbewohner ein, aber nicht die königliche Familie. Der andere lud weder die Stadtbewohner noch die königliche Familie ein. Welcher von ihnen verdient die schwerere Strafe? Doch wohl derjenige, der die Stadtbewohner, aber nicht die königliche Familie eingeladen hatte.

b. *Baba Qamma* 79b

Die Pflicht, Zeugnis abzulegen

Aus welcher Stelle in der Heiligen Schrift lernen wir, dass, wenn dir entlastendes Zeugnis für deinen Nächsten bekannt ist, du nicht schweigen darfst? Aus Leviticus 19,16: „Stehe nicht still bei dem Blute deines Nächsten."

Siphra, Qedoschim, 4. 8, ed. Weiss, p. 89a

Studentenaufstand

Es lehrten unsere Meister:

Es geschah einmal, dass ein Schüler vor Rabbi Josua kam und ihn fragte: „Ist das Abendgebet ein Pflichtgebet oder ein freiwilliges Gebet?"

Er antwortete: „Es ist ein freiwilliges Gebet."

Dann ging derselbe Schüler zu Rabban Gamaliel II und richtete an ihn dieselbe Frage.

Rabban Gamaliel antwortete: „Es ist ein Pflichtgebet."

Da sagte der Schüler: „Aber Rabbi Josua hält es doch für ein freiwilliges Gebet!"

Rabban Gamaliel erwiderte: „Warte, bis die Gelehrten ins Lehrhaus kommen."

Als die Gelehrten im Lehrhaus versammelt waren, warf jemand die Frage auf: „Ist das Abendgebet ein Pflichtgebet oder ein freiwilliges Gebet?"

Rabban Gamaliel antwortete: „Es ist ein Pflichtgebet."

Dann sprach Rabban Gamaliel zu den Gelehrten: „Bestreitet das jemand?"

Und Rabbi Josua antwortete: „Nein."

Darauf wandte sich Rabban Gamaliel zu Rabbi Josua: „Wurde mir nicht berichtet, dass du das Abendgebet als ein freiwilliges Gebet ansiehst? Steh auf, und lass den Zeugen gegen dich aussagen!"

Rabbi Josua stand auf und sprach: „Wäre ich lebendig und der Zeuge tot, dann könnte der Lebendige dem Toten widersprechen. Da ich aber lebendig bin und der Zeuge lebendig ist, wie könnte der Lebendige dem Lebendigen widersprechen?"

Rabban Gamaliel blieb sitzen und hielt seinen Lehrvortrag. Rabbi Josua musste aber stehen bleiben – bis alle Gelehrten zu schreien anfingen und dem Chuzpith, der die Gedanken Gamaliels den Schülern klarmachte, befahlen: „Halt ein!"

Er hielt ein.

Dann sagten sie: „Wie lange sollen wir mitansehen, wie Rabban Gamaliel den Rabbi Josua beleidigt? Letztes Jahr hatte er ihn schon in einer anderen Angelegenheit beleidigt. Dann kam eine zweite Beleidigung. Und jetzt beleidigt er ihn schon wieder. Kommt, wir wollen Rabban Gamaliel als Schuloberhaupt absetzen!"

Das taten sie auch.

Dann aber fragten sie sich: „Wen sollen wir jetzt als Schuloberhaupt ernennen? Rabbi Josua können wir nicht ernennen, denn er ist in die Sache verwickelt. Auch Rabbi Akiba können wir nicht ernennen, denn Rabban Gamaliel könnte ihn deshalb verfluchen, weil Akiba sich nicht auf die Verdienste seiner Väter berufen kann. Der geeignete Mann wäre daher Rabbi Eleasar ben Asarjah. Er ist weise, so dass er alle Fragen beantworten kann. Er ist reich, sodass er bei der römischen Regierung genügend Ansehen genießt, uns öffentlich zu vertreten. Und er ist ein Nachkomme von Esra in der zehnten Generation, sodass Rabban Gamaliel ihn seiner Abstammung wegen nicht verfluchen kann."

So gingen sie zu Rabbi Eleasar und fragten ihn, ob sie ihn zum Oberhaupt des Lehrhauses ernennen dürften.

Rabbi Eleasar antwortete: „Ich muss zuerst die Sache mit den Mitgliedern meiner Familie besprechen."

Er ging und fragte seine Frau.

Sie meinte: „Aber vielleicht werden sie dich auch später wieder absetzen."

Er antwortete „Es gibt ein Sprichwort: ‚Trink aus dem Ehrenpokal, selbst wenn er morgen zerbrochen wird'."

Da sagte sie zu ihm: „Du hast doch aber kein weißes Haar, um dir Respekt zu verschaffen."

Er war damals achtzehn Jahre alt. Jedoch geschah ihm ein Wunder, und achtzehn Reihen seines Haares wurden plötzlich weiß. Er sah jetzt wie ein Siebzigjähriger aus, und er nahm den Posten an.

An jenem Tag entließ man den Torhüter und erlaubte allen Schülern, das Lehrhaus zu betreten. Rabban Gamaliel hatte nämlich die Verordnung erlassen: „Kein Schüler, dessen Inneres nicht so sauber wie sein Äußeres ist, darf das Lehrhaus betreten!"

An jenem Tag wurden viele neue Bänke in das Lehrhaus gebracht. Rabbi Jochanan sagte, dass ein Meinungsunterschied zwischen Abba Josef ben Dosethai und den anderen Rabbinen darüber besteht, ob es vierhundert oder siebenhundert neue Bänke waren.

Rabban Gamaliel machte sich nun Sorgen darüber, dass er, während er das Lehrhaus leitete, Israel die Torah vorenthalten hatte. Da wurden ihm im Traum weiße Krüge mit Asche gefüllt gezeigt, um ihm zu versichern, dass er tatsächlich nur die unwürdigen Schüler vom Studium abgehalten hatte. Doch hatte das keine Bedeutung. Der Traum war nur zu seiner Beruhigung da. In Wirklichkeit hatte er würdigen Schülern das Studium verwehrt.

An jenem Tage wurden viele wichtige religionsgeschichtliche Entscheidungen getroffen.

Rabban Gamaliel sah, dass die Mehrheit der Gelehrten die Meinung Rabbi Josuas annahm, und er entschloss sich, Rabbi Josua um Verzeihung zu bitten.

Als er zu dessen Haus kam, bemerkte er, dass die Wände des Hauses schwarz waren. Da sagte er zu Rabbi Josua: „Von den

Wänden deines Hauses ist es ersichtlich, dass du ein Schmied bist."

Rabbi Josua aber erwiderte: „Wehe der Generation, deren geistiges Oberhaupt du bist! Du scheinst von den Sorgen der Gelehrten, von ihrem Kampf um das tägliche Brot gar nichts zu wissen."

Rabban Gamaliel sprach: „Ich bitte um Entschuldigung. Verzeih mir."

Aber Rabbi Josua antwortete nicht.

Wiederum sprach Rabban Gamaliel: „Tue es meinem Vater zuliebe."

Da versöhnten sie sich.

Nun hatten die Gelehrten folgendes Problem: „Was sollen wir tun? Wir können doch Rabbi Eleasar nicht absetzen, denn bei uns gilt die Regel: ‚Man kann in heiligen Dingen nur hinauf-, aber nicht hinabsteigen.' Sollten wir den einen Meister an einem und den anderen Meister am nächsten Sabbath predigen lassen, dann kommt es zu Neid. Es soll also Rabban Gamaliel drei Sabbathe hintereinander predigen, und dann Rabbi Eleasar am folgenden."

Nach b. *Berakhoth* 27b, 28a. Vgl. p. *Berakhtoh* IV, 1, ed. Krotoschin, p. 7c,d

Um des Kleinviehs willen

Als Alexander der Große nach Nordafrika kam, brachten ihm die Einwohner goldene Äpfel, goldene Granatäpfel und goldenes Brot. Er aber sprach zu ihnen: „Ich bin nicht zu euch gekommen, um euren Besitz zu sehen, sondern um mich über eure Gesetze zu informieren."

Da kamen zwei Männer vor den afrikanischen König und verlangten einen Rechtsspruch.

Der eine Mann sagte: „Eure Majestät! Ich habe von diesem Mann hier einen Johannisbrotbaum gekauft, und, als ich ihn ausschälte, fand ich einen Schatz darin. Nun bat ich diesen Mann, den Schatz zurückzunehmen, denn ich habe ja nur den Johannisbrotbaum gekauft, aber nicht den Schatz. Doch weigert er sich, das zu tun."

Da erwiderte der andere Mann: „Genauso wie du dich vor der Strafe fürchtest, so fürchte ich mich auch. Als ich dir den Johannisbrotbaum verkaufte, verkaufte ich ihn dir mit allem, was daran und darin ist."

Der afrikanische König fragte den einen Mann: „Hast du einen Sohn?"

„Ja", antwortete der Mann.

Dann fragte er den anderen Mann: „Hast du eine Tochter?"

„Ja", war die Antwort.

„So sollen eure Kinder heiraten und gemeinsam an dem Schatz Freude haben!" sagte der König.

Alexander der Große war offensichtlich verwundert.

„Warum wunderst du dich", fragte der afrikanische König, „habe ich nicht richtig geurteilt?"

„Doch, das hast du getan", antwortete Alexander.

„Wenn dieser Fall in deinem Land vorgekommen wäre", fuhr der afrikanische König fort, „wie wäre dein Urteil ausgefallen?"

Alexander antwortete: „Beide Männer hätten ihre Köpfe verloren, und der Schatz wäre in die königliche Schatzkammer gekommen."

„Sag mir", fragte der afrikanische König jetzt, „scheint die Sonne in deinem Land?"

„Ja", antwortete Alexander.

„Fällt der Regen in deinem Land?"

„Ja."

„Vielleicht gibt es in deinem Land Kleinvieh?"

„Gewiss."

„Jetzt erst kann ich verstehen, warum bei euch die Sonne scheint und der Regen fällt. Es ist um des Kleinviehs willen, und nicht wegen eurer Gerechtigkeit, dass ihr gerettet werdet."

Darum heißt es auch (Psalm 36,7): „Herr, Du hilfst Menschen und Vieh." Das bedeutet: Du, Herr, erhältst den Menschen wegen des Verdienst des Viehs.

Nach *Leviticus Rabbah* 27,1, ed. Margulies, S. 618–623; vgl. *Midrasch Tanḥuma, Emor*, 9, ed. Buber, p. 44b–45a

Sie sind alle gleich

Ich rufe Himmel und Erde als Zeugen an:

Ob es sich um einen Nichtjuden oder einen Juden handelt, um einen Mann oder eine Frau, um einen Knecht oder eine Magd, sie sind darin alle gleich, dass der göttliche Geist ihren Taten entsprechend auf ihnen ruht!

Anmerkung: Es ist nicht unwahrscheinlich, dass hier einmal, statt „eine Magd", „ein freier Mann" stand. Die Kontraste zwischen den anderen erwähnten Klassen scheinen das zu verlangen. Vgl. auch Kolosser 3,11.

Nach *Seder Elijahu Rabbah,* 10, ed. Friedmann, S. 48

Richtet nicht …

Es lehrten unsere Meister:

Die Weisen benötigten einmal etwas von einer vornehmen römischen Dame, mit der alle Großen Roms Verhältnisse hatten.

Sie sprachen: „Wer von uns wird zu ihr gehen?"

Da sagte Rabbi Josua: „Ich werde gehen."

Rabbi Josua machte sich auf den Weg zusammen mit seinen Schülern. Als er in die Nähe ihres Hauses kam, in einer Entfernung von vier Ellen, nahm er seine Gebetsriemen ab, ging in das Haus hinein und verschloss die Tür vor seinen Schülern.

Als er wieder herauskam, ging er zuerst in ein rituelles Bad, und dann lernte er mit seinen Schülern.

Er sprach zu ihnen: „Als ich meine Gebetsriemen abnahm, wes habt ihr mich da verdächtigt?"

Sie antworteten: „Wir dachten, dass unser Meister die heiligen Worte nicht an einem Ort der Unreinheit mitnehmen wollte."

„Und als ich vor euch die Tür verschloss, wes habt ihr mich da verdächtigt?"

„Wir dachten, vielleicht hat der Meister ein geheimes Staatsgespräch mit der Dame zu führen."

„Und als ich später in das rituelle Bad herabstieg, welcher Verdacht kam euch da auf?"

„Wir dachten, dass etwas Speichel von der Dame auf das Gewand des Meisters gespritzt sei und dass er deshalb rituell unrein wurde."

Da rief Rabbi Josua: „Beim Tempeldienst! So war es auch. Und so, wie ihr mich günstig beurteilt habt, so möge der Allgegenwärtige auch euch günstig beurteilen!"

Nach b. *Schabbath* 127b

X
VERGEHEN, GÜTE UND GNADE

Bis in das dritte und vierte Geschlecht

„... der die Schuld der Väter an den Kindern ahndet bis in das dritte und vierte Geschlecht derer, die Mich hassen."

Das trifft aber nur dann zu, wenn die Geschlechter der Übeltäter aufeinander folgen; jedoch nicht, wenn ein Geschlecht übersprungen wird.

Wie ist das zu verstehen?

Wenn der Übeltäter der Sohn eines Übeltäters und der Enkel eines Übeltäters ist.

Mekhilta, Baḥodesch, Kap. 6, ed. Horovitz-Rabin, S. 226

Die Schuld, die nicht geahndet wird

„Denn er hat das Wort des Herrn verachtet und Sein Gebot gebrochen. Diese Person soll ausgerottet werden. Ihre Schuld ruht auf ihr“ (Numeri 15,31).

Alle, die sterben, erlangen Versöhnung durch ihren Tod. Aber diese Person – „ihre Schuld ruht auf ihr.“ Daher heißt es auch: „Ihre Schuld lag auf ihren Gebeinen“ (Ezechiel 32,27).

Bedeutet das aber, dass das auch der Fall ist, wenn eine solche Person Umkehr getan hat?

Nein! Deshalb sagt nämlich die Schrift: „Ihre Schuld ruht auf ihr.“ Nur so lange die Schuld auf ihr ruht. Hat sie aber Umkehr getan, trifft das nicht zu. So heißt es auch in Deuteronomium 32,5: „Ist es Sein Verderben? Nein! Seinen Kindern haftet der Makel an.“ Wenn der Makel ihnen anhaftet, sind sie nicht Seine Kinder. Wenn der Makel ihnen nicht mehr anhaftet, dann sind sie wieder Seine Kinder.

Rabbi Ismael sagte: Warum heißt es: „Ihre Schuld ruht auf ihr“? Ich könnte nämlich meinen, dass, wenn es in Exodus 20,5 heißt: „Der die Schuld der Väter an den Kindern ahndet bis in das dritte und vierte Geschlecht“, auch der Götzendienst bis in das dritte und vierte Geschlecht geahndet wird. Um aber diese Auslegung als falsch zu erweisen, sagt die Heilige Schrift ganz ausdrücklich: „Ihre Schuld ruht auf ihr.“ Auf *ihr*, d. h. *nur* auf der Person, die selbst Götzendienst treibt, ruht die Schuld. Die Schuld wird aber nicht an den Kindern, an den Enkeln und an den Urenkeln geahndet.

Siphre ad Numeros, Pissqa 112, ed. Horovitz, S. 121

Kein Widerspruch

Es wurde auf einen Widerspruch hingewiesen. Ein Vers sagt: „Er ahndet die Schuld der Väter an Kindern und Kindeskindern bis in das dritte und vierte Geschlecht“ (Exodus 34,7); und ein anderer Vers sagt: „Väter sollen nicht der Kinder wegen getötet werden, und Kinder sollen nicht der Väter wegen getötet werden“ (Deuteronomium 24,16).

Darauf wurde geantwortet, dass hier kein Widerspruch besteht. Der eine Vers spricht von Kindern, die die bösen Taten ihrer Väter weiterführen. Der andere Vers spricht von Kindern, die nicht die bösen Taten ihrer Väter weiterführen.

b. *Berakhoth* 7 a

Das Maß der göttlichen Gnade

Das Maß der göttlichen Gnade ist fünfhundertmal so groß wie das Maß der göttlichen Strafe. Bei der Strafe heißt es: „bis in das dritte und vierte Geschlecht“ (Exodus 20,5). Bei der Gnade dagegen heißt es: „bis ins tausendste Geschlecht“ (Exodus 20,6. Der hebräische Text spricht von *alaphim,* was „Tausende“ bedeutet. Bei einem unspezifizierten Plural wird von den Rabbinen immer ein Minimum von zwei angenommen. Das würde in diesem Fall „zweitausend Geschlechter“ bedeuten.) Es folgt daraus, dass das Maß der göttlichen Gnade fünfhundertmal größer ist als das Maß der göttlichen Strafe.

Tossephta Sotah 4,1, ed. Lieberman, S. 167

Gnade

„Wem Ich aber gnädig bin
dem bin Ich gnädig;
und wes Ich Mich erbarme,
des erbarme Ich Mich."

Exodus 33,19

Damals zeigte der Heilige, gelobt sei Er, dem Moses alle Schatzkammern des Himmels, wo der Lohn für die Gerechten aufgespeichert ist.

Moses fragte Ihn: „Herr der Welt, für wen ist diese Schatzkammer bestimmt?"

Gott antwortete: „Für diejenigen, welche ein gerechtes Leben führen."

„Und diese Schatzkammer?"

„Für Leute, welche die Waisen unterstützen."

Und so ging es immer weiter, bis sie an eine ganz riesige Schatzkammer kamen.

Da fragte Moses: „Für wen ist diese Schatzkammer bestimmt?"

Gott antwortete ihm: „Wenn jemand seinen eigenen Verdienst hat, dann gebe Ich ihm, was ihm aus seiner Schatzkammer zusteht. Wenn aber jemand keinen eigenen Verdienst hat, dann gebe Ich ihm gratis (d. h. aus reiner Gnade) aus dieser Schatzkammer."

Daher heißt es auch: „Wem Ich aber gnädig bin, dem bin Ich gnädig."

Nach *Midrasch Tanḥuma, Ki Thissa,* 16, ed. Buber, p. 58b, vgl. Exodus Rabbah 45,6

Strafbescheid

Sie fragten die Weisheit: „Was ist des Sünders Strafe?“

Und die Weisheit antwortete (in den Worten von Sprichwörter 13,21): „Unglück verfolgt die Sünder!“

Sie fragten die Prophetie: „Was ist des Sünders Strafe?“

Und die Prophetie antwortete (in den Worten von Ezechiel 18,4): „Nur wer sündigt, soll sterben!“

Sie fragten den Pentateuch: „Was ist des Sünders Strafe?“

Und der Pentateuch (in gut levitischer Terminologie) antwortete: „Er soll ein Schuldopfer bringen, und ihm wird Versöhnung zuteil!“

Dann fragten sie den Heiligen, gelobt sei Er: „Was ist des Sünders Strafe?“

Und der Heilige, gelobt sei Er, antwortete: „Er soll Umkehr (*teschubhah, metanoia*) tun und dadurch Versöhnung erlangen!“

Darum heißt es auch in Psalm 25,8: „Gut und gerecht ist der Herr, darum weist Er die Irrenden auf den rechten Weg.“

Jalgut Schime'oni ad Psalm 25, Nr. 702; vgl. p. *Makkoth* II,6, ed. Krotoschin, p. 31d

Das Geldzählen

Es lehrten unsere Meister:

Wer Geld von seiner Hand in die Hand einer Frau zählt, nur um sie sich anzusehen, wird von der Höllenstrafe nicht verschont bleiben, selbst wenn er Torahgelehrsamkeit und gute Taten aufzuweisen hat.

b. *Berakhoth* 61 a

„Wohltätigkeit errettet vom Tod"

Rabbi Judah pflegte zu sagen:

Zehn harte Dinge wurden in der Welt erschaffen:

Der Berg ist hart. Aber Eisen kann ihn spalten.

Eisen ist hart. Aber Feuer kann es erweichen.

Feuer ist hart. Aber Wasser kann es löschen.

Wasser ist hart. Aber die Wolken tragen es.

Die Wolken sind hart. Aber der Wind kann sie vertreiben.

Der Wind ist hart. Aber der menschliche Körper kann ihm widerstehen.

Der menschliche Körper ist hart. Aber die Angst kann ihn zerbrechen.

Die Angst ist hart. Aber der Wein kann sie verbannen.

Der Wein ist hart. Aber der Schlaf macht ihn wirkungslos.

Der Tod aber ist härter als alle.

Jedoch „Wohltätigkeit errettet vom Tod" (Sprüche Salomos 10,2).

Nach b. *Baba Bathra* 16a

Ich beherrsche den Eifer

„Denn Ich, der Herr, dein Gott, bin ein eifervoller Gott.“

Wirklich ein Gott des Eifers? Nein, Ich bin Gott über dem Eifer. Ich beherrsche den Eifer, aber der Eifer beherrscht Mich nicht. So beherrsche Ich auch den Schlummer, aber der Schlummer beherrscht Mich nicht. Daher heißt es: „Siehe, der Hüter Israels schlummert nicht und schläft nicht“ (Psalm 129,4).

Eine andere Erklärung: Mit Eifer bestrafe Ich sie, wenn sie Götzendienst treiben; aber Ich bin erbarmungsvoll und gnädig bei der Bestrafung von anderen Sünden.

Mekhilta, Baḥodesch, Kap. 6, ed. Horovitz-Rabin, S. 226

Mit deiner ganzen Seele

Rabbi Akiba hatte Hadrians Verbot des Torahlehrens nicht befolgt und wurde zum Märtyrertod verurteilt. Als er in der Anwesenheit des bösen Tinneius Rufus gefoltert wurde, kam die Stunde, das ‚Höre Israel' (Deuteronomium 6,4–9) zu sprechen. Er sprach es und lächelte.

Der römische Beamte schrie ihn an: „Alter Mann! Wie kannst du bei deinen Schmerzen lächeln? Du bist entweder ein Zauberer, oder du spottest deiner Leiden."

Akiba antwortete: „Ich bin kein Zauberer, und ich spotte meiner Leiden nicht. Aber mein Leben lang habe ich die Worte gesprochen: ‚Du sollst den Herrn, deinen Gott, lieben mit deinem ganzen Herzen und deiner ganzen Seele und deinem ganzen Vermögen', und ich war traurig, wenn ich daran dachte, wie ich denn Gott mit meiner ganzen Seele lieben könne. Ich habe Gott mit meinem ganzen Herzen und mit meinem ganzen Vermögen geliebt. Doch war mir nicht klar, wie ich Ihn auch mit meiner ganzen Seele lieben könne. Jetzt, wo ich meine Seele aufgebe und die Stunde des ‚Höre Israel' gekommen ist und wo ich bei meinem Entschluss bleibe – soll ich da nicht lächeln?"

Als er so sprach, verließ ihn seine Seele.

Nach p. *Berakhoth* IX, 7, ed. Krotoschin, p. 14b

XI
„WARUM?“
RABBINISCHE ANTWORTEN AUF AUSGEFALLENE FRAGEN

Das durchbohrte Ohr

Rabbah Jochanan ben Sakkai wurde von seinen Schülern gefragt: „Warum ist es bei dem Knecht, der seinen Herrn nicht verlassen will, ausgerechnet das Ohr, das mit einer Ahle durchbohrt werden soll?" (Exodus 21,6)

Er antwortete: „Das Ohr, das am Berge Sinai gehört hat: ‚Ich bin der Herr, dein Gott, der dich aus dem Lande Ägypten geführt hat, aus dem Sklavenhause', ist das Ohr eines Mannes, der freiwillig das Joch von Fleisch und Blut auf sich nimmt. Das Ohr, das am Berge Sinai gehört hat: ‚Du sollst keine anderen Götter neben Mir haben', ist das Ohr eines Mannes, der freiwillig sich einem anderen Herrn untertänig macht. So soll denn dieses Ohr durchbohrt werden, weil es das nicht bewahrt hat, was es gehört hat! In der Vergangenheit waren die Israeliten zwar Knechte von Knechten. Jetzt aber sollen sie nur Knechte des Heiligen, gelobt sei Er, sein. Darum heißt es auch: ‚Denn die Israeliten sind Meine Knechte, die Ich aus dem Lande Ägypten geführt habe. Ich bin der Herr, euer Gott'" (Leviticus 25,55).

Pessiqta Rabbathi, Kap. 21, ed. Friedmann, p. 110b

Jeder Einzelne

Warum sind die Zehn Gebote im Singular gehalten? So dass jeder Einzelne sich sagen muss: „Mir sind sie befohlen worden. Meinetwegen ist die Torah gegeben worden, damit ich sie erfülle."

Er sage nicht: „Es genügt, wenn die Welt – ohne mich – die Zehn Gebote hält."

Midrasch Leqah Tobh, Wa-ethhannan, ed. S. Buber, p. 9a, b

Warum sind die Zehn Gebote an den Einzelnen, und nicht an das ganze Volk gerichtet?

Weil es der einzelne Mensch ist, der sie übertritt.

Pessiqta Rabbathi, Kap. 21, ed. Friedmann, p. 106b–107a

Unvorbereitet in die Synagoge

„Und Gott redete alle diese Worte und sprach."

Exodus 20,1

Warum heißt es bei dieser Einleitung zu den Zehn Geboten „redete" und „sprach"?

Das wird durch folgende Verse erklärt:

„Da sah Er sie und verkündigte sie, bereitete sie und ergründete sie." (Hiob 28,27)

Erst danach heißt es: „Und Er sprach zum Menschen." (Hiob 28,28)

Die Torah belehrt dich, dass du, wenn du ein Torahgelehrter bist, nicht so hochmütig sein darfst, der Gemeinde etwas zu sagen, was du dir nicht selber vorher zwei- oder dreimal klargemacht hast.

Es geschah einmal, dass der Synagogenaufseher bei einem öffentlichen Gottesdienst den Rabbi Akiba aufrief, aus der Torah vorzulesen. Aber er wollte nicht zum Lesepult hinaufsteigen.

Da sagten seine Schüler zu ihm: „Meister, hast du uns nicht selbst gelehrt, dass die Torah unser Leben und die Länge unserer Tage ist? Warum weigerst du dich dann, zum Lesepult hinaufzusteigen?"

Rabbi Akiba antwortete: „Beim Tempeldienst! Ich weigere mich nur deshalb, aus der Torah vorzulesen, weil ich die heutige Perikope nicht zwei- oder dreimal für mich selbst zurechtgelegt habe. Denn man darf die Worte der Torah nicht vor der Gemeinde vortragen, ehe man sie sich selbst zwei- oder dreimal klargemacht hat. So finden wir es auch bei dem Heiligen, gelobt sei Er, der den Menschen die Sprachkraft gibt und für den die Torah so klar und offenbar ist wie ein heller Stern, dass Er, bevor Er Israel die Torah gab, sie erst, wie es geschrieben steht, ‚ansah, verkündigte, bereitete und ergründete'. Erst nachher ‚sprach Er zum Menschen'. Daher heißt es auch: ‚Und Gott redete alle diese Worte'. Das bedeutet: im Selbstgespräch. Erst nachher heißt es: ‚und sprach'."

Nach *Midrasch Tanḥuma, Jithro,* 15

Das letzte Geschöpf

Es lehrten unsere Meister:

Adam war das letzte Geschöpf, das am Vorabend des Sabbaths erschaffen wurde.

Warum?

Damit die Ketzer nicht sagen: „Der Heilige, gelobt sei Er, hatte einen Teilhaber im Schöpfungswerk."

Eine andere Antwort lautet: Dies geschah, damit man, wenn der Mensch zu stolz wird, ihn daran erinnern kann, dass in der Schöpfungsordnung die Mücken vor ihm den Vorrang hatten.

Noch eine andere Antwort lautet: Deswegen, dass er sofort ein Gebot erfüllen konnte, nämlich, den Sabbath zu heiligen.

Und noch eine andere Antwort lautet: Die vollendete Schöpfung war das Gastmahl, das Gott ihm bereitet hatte, und er sollte sich jetzt sofort zum Gastmahl begeben. Das lässt sich mit einem König von Fleisch und Blut vergleichen, der Paläste baute und sie einrichtete. Erst nachdem sie eingerichtet waren, lud er die Gäste ein. Darum heißt es auch (Sprüche Salomos 9, 1–3): „Die Weisheit hat ihr Haus erbaut, hat ihre sieben Säulen ausgehauen. Sie hat ihr Fleisch vorbereitet und ihren Wein aufgetragen, auch ihren Tisch angerichtet. Sie hat ihre Mädchen ausgeschickt, um zu den Höhen der Stadt einzuladen."

„Die Weisheit hat ihr Haus erbaut." – Das ist ein Attribut des Heiligen, gelobt sei Er, der die Welt durch die Weisheit erschuf. (Vgl. „Am Anfang war die Weisheit", S. 202.)

„Sie hat ihre sieben Säulen ausgehauen." – Das sind die sieben Tage der Schöpfung.

„Sie hat ihr Fleisch vorbereitet, usw.“ – Das sind die Meere und die Flüsse und alles andere, was die Welt braucht.

„Sie hat ihre Mädchen ausgeschickt, um einzuladen.“ – Das bezieht sich auf Adam und Eva.

Nach b. *Sanhedrin* 38a

Das Ölblatt

„Zur Abendzeit kam die Taube zu ihm, und: ein frisches Ölblatt im Schnabel!"
Genesis 8, 11

Woher brachte sie das Ölblatt?

Raw Abba sagte: Sie brachte es von den jungen Pflanzen im Lande Israel.

Rabbi Levi sagte: Sie brachte es vom Ölberg (in Jerusalem), denn das Land Israel wurde in der Sintflut nicht überschwemmt.

Rabbi Berechjah sagte: Die Pforten des Paradieses wurden ihr geöffnet, und sie brachte das Ölblatt von dort.

Darauf sprach Rabbi Abbahu: Wenn die Taube wirklich das Ölblatt vom Paradies gebracht hat, dann hätte sie doch etwas Besseres bringen sollen, wie Zimt oder Balsam. Indem sie aber das bittere Ölblatt brachte, gab sie Noah zu verstehen: „Besser ist etwas Bitteres aus Gottes Hand als etwas Süßes aus deiner Menschenhand."

Nach *Genesis Rabbah* XXXIII, 6, ed. Theodor-Ahlbeck, S. 311. Vgl. *Leviticus Rabbah* XXXI, 10, ed. Margulies, S. 732; b. *Sanhedrin* 108b

„Ja, ja!“

„Ich bin der Herr, dein Gott, der dich aus dem Lande Ägypten geführt hat, aus dem Sklavenhause.“

Warum wurden die Zehn Gebote nicht bereits am Anfang der Torah gesprochen?

Die Antwort auf diese Frage lässt sich durch ein Gleichnis geben:

Es kam einmal ein Mann in eine Provinz und sagte zu den Einwohnern: „Ich will euer König sein.“

Da antworteten die Einwohner: „Hast du uns denn etwas Gutes getan, das dich berechtigen würde, unser König zu sein?“

Was tat er? Er baute ihnen eine Mauer. Er errichtete ihnen eine Wasserleitung. Auch führte er Kriege für sie.

Dann sprach er wieder: „Ich will euer König sein.“

Jetzt antworteten die Einwohner: „Ja, ja!“

So tat es auch der Allgegenwärtige. Er führte Israel aus Ägypten, spaltete für sie das Schilfmeer, ließ ihnen das Manna vom Himmel fallen, ließ den Brunnen in der Wüste aufsprudeln, führte ihnen die Wachteln zu, und Er stritt für sie wider Amalek. Erst danach sprach Er zu ihnen: „Ich will euer König sein.“ Und darauf antworteten sie: „Ja, ja!“

Mekhilta, Baḥodesch, Kap. 5, ed. Horovitz-Rabin, S. 219

„Ich bin Derselbe“

„Ich bin der Herr, dein Gott, der dich aus dem Lande Ägypten geführt hat, aus dem Sklavenhause.“

Warum wurde das so formuliert?

Weil Er sich schon zuvor am Schilfmeer als Kriegsheld offenbart hatte. Denn es heißt: „Der Herr ist ein Kriegsheld“ (Exodus 15,3). Jetzt aber offenbarte Er sich wie ein alter Lehrer, voll von Erbarmen. Denn es heißt: „Und sie sahen den Gott Israels, und dass unter Seinen Füßen war wie ein Werk aus saphirnen Fliesen (hebräisch: *kema'asseh libhmath hassappir,* was an *ma'asseh lebhenah* = „Ziegelwerk“ anklingt und daher auf die Sklaverei in Ägypten hinweist – mit der Bedeutung, dass für die Sklaven, mit dem Ziegelbrennen beschäftigt, der Blick zu Gott getrübt war)“ (Exodus 24,10). Erst nachdem sie erlöst wurden, heißt es: „Und wie der reine Himmel an Klarheit“ (Exodus 24,10). Er ist aber trotzdem immer derselbe Gott, und die Heilige Schrift will den heidnischen Völkern keine Veranlassung geben, die Existenz von zwei verschiedenen göttlichen Mächten zu behaupten. Gott stellt sich daher am Sinai vor als der Gott, der sich bereits in Ägypten offenbart hat: „Ich bin der Herr, dein Gott. Ich war dein Gott in Ägypten und am Schilfmeer. Ich bin derselbe Gott am Sinai. Ich war in der Vergangenheit, und Ich werde in der Zukunft sein. Ich bin in dieser Welt, und Ich werde auch in der kommenden Welt sein.“ Daher heißt es auch: „Sehet jetzt, dass Ich, Ich es bin, und kein Gott mit Mir“ (Deuteronomium 32,39). Und es heißt: „Und bis ins Alter – Ich bin Derselbe! Bis in das Greisentum“ (Jesaja 46,4). Auch heißt es: „Also spricht der Herr, der König Israels und sein Erlöser, der Herr der Heerscharen: Ich bin der Erste und Ich bin der Letzte, und außer Mir gibt es keinen Gott“ (Jesaja 44,6).

Mekhilta, Baḥodesch, Kap. 5, ed. Horovitz-Rabin, S. 219f; vgl. *Midrasch Tanḥuma Jithro,* 16, ed. S. Buber, p. 40a

XII
WUNDERLICHE UND WUNDERLICHES

„Heute“

Eines Tages fragte Rabbi Josua ben Levi den Propheten Elia: „Wann wird der Messias endlich kommen?“

Elia antwortete: „Geh doch zu ihm hin, und frage ihn selbst.“

Da sagte Rabbi Josua: „Wo ist er denn?“

Elia antwortete: „Am Tore Roms.“

„Und wie werde ich ihn erkennen?“

„Er sitzt unter den aussätzigen Bettlern. Während aber diese ihre Bandagen alle auf einmal abnehmen und wieder anlegen, löst der Messias seine Bandagen einzeln ab und legt sie einzeln wieder an. Er denkt sich nämlich, dass Gott ihn jeden Augenblick rufen könne, um die Erlösung zu bringen, und er hält sich in ständiger Bereitschaft.“

Rabbi Josua ging zu ihm und grüßte ihn: „Friede sei mit dir, Meister und Lehrer!“

„Friede sei mit dir, Sohn Levis!“

„Wann wirst du kommen, Meister?“

„Heute.“

Später beschwerte sich Rabbi Josua ben Levi bei Elia: „Der Messias hat mich angelogen. Er sagte, dass er heute kommen wird, und er ist nicht gekommen.“

Elia aber sprach: „Du hast ihn nicht richtig verstanden. Er hat dir doch Psalm 95,7 zitiert: ‚Heute noch – wenn ihr nur auf Seine Stimme hört!‘“

Nach b. *Sanhedrin* 98a

(Zum besseren Verständnis von Geschichten über die Vergangenheit, Gegenwart und Zukunft des Propheten Elia (vgl. u. a. auch S. 28, 49, 113) sollte man wissen, dass er, wie Petuchowski in seiner Einleitung zu *„Es lehrten unsere Meister"* schreibt, „nach 2 Könige, Kapitel 2, [...] mit einem feurigen Wagen gen Himmel fuhr, von dessen eigentlichem Sterben die Bibel aber nichts berichtet. Elia ist daher der Prophet, der nie gestorben ist. Er wird einst die Ankunft des Messias verkünden (vgl. Maleachi 3,23). Inzwischen erscheint er hier und da den Frommen – entweder um sie aus einer drohenden Not zu retten, oder um ihnen Gottes Botschaft kundzutun.")

Er warf die Schale fort

(Elischa ben Abujah war ein großer rabbinischer Gelehrter, verfiel aber der Ketzerei und wurde von seinen ehemaligen Kollegen nur noch *Acher,* d. h. „der Andere", genannt. Trotzdem blieb ihm sein Schüler, Rabbi Meir, bis zum Lebensende treu.)

Rabbah bar Raw Schila traf einmal den Propheten Elia.

Er fragte den Propheten: „Womit beschäftigt sich der Heilige, gelobt sei Er?"

Elia antwortete: „Er lehrt die Traditionen im Namen aller Rabbinen, mit Ausnahme von Rabbi Meir, dessen Traditionen Er nicht lehrt."

Rabbah fragte: „Warum denn nicht?"

Elia antwortete: „Weil Rabbi Meir seine Traditionen aus dem Munde Achers lernte."

Das sagte Rabbah: „Warum sollte er das nicht getan haben? Rabbi Meir fand einen Granatapfel, aß die innere Frucht und warf die Schale fort."

Nun sprach der Prophet Elia: „Jetzt, wo du dich für Rabbi Meir eingesetzt hast, höre ich tatsächlich den Heiligen, gelobt sei Er, sprechen: ‚Mein Sohn Meir sagt …'."

Nach b. *Hagigah,* 15b

Das Wunder war zu gering

Einmal brach eine Seuche in Sura aus, verschonte aber die Nachbarschaft Raws. Da meinten die Leute, dass das den Verdiensten Raws zuzuschreiben sei. Jedoch wurde ihnen in einem Traum mitgeteilt, dass das Wunder zu gering war, um den großen Verdiensten Raws zugeschrieben zu werden.

Das Wunder geschah wegen der Verdienste eines Mannes, der bereitwillig seine Hacke und seine Schaufel einem Friedhof lieh, sodass Gräber gegraben werden konnten.

Einmal brach ein großer Brand in Drokeret aus, verschonte aber die Nachbarschaft von Raw Huna. Da meinten die Leute, dass das den Verdiensten Raw Hunas zuzuschreiben sei. Jedoch wurde ihnen in einem Traum mitgeteilt, dass die Verdienste Raw Hunas zu groß, die Verschonung der Nachbarschaft aber zu gering waren, als dass man das Wunder den Verdiensten Raw Hunas zuschreiben könnte.

Es handelte sich hier lediglich um die Verdienste einer gewissen Frau, die ihren eigenen Ofen heizte und ihn dann ihren Nachbarinnen zur Verfügung stellte.

Nach b. *Ta'anith* 21b

Das zurückgenommene Tischbein

Rabbi Chanina ben Dossa war sehr arm.

Eines Tages sagte ihm seine Frau: „Bete doch dafür, dass etwas von dem Guten, das für die Gerechten in der kommenden Welt aufbewahrt ist, dir jetzt schon hier gegeben wird."

Er betete.

Da wurde ihm das Bein eines goldenen Tisches ins Haus geschleudert.

In einem Traum sah er aber, dass in der kommenden Welt alle an einem Tisch mit drei Beinen essen würden, er jedoch an einem Tisch mit nur zwei Beinen.

Nachdem er den Traum seiner Frau erzählt hatte, bat sie ihn: „Bete doch dafür, dass sie das goldene Tischbein wieder zurücknehmen!"

Er betete; und es wurde wieder zurückgenommen.

Es wurde gelehrt, dass das zweite Wunder größer als das erste war. Denn, einer Tradition nach, ist es zwar möglich, dass einem das, wofür man betet, gegeben wird; aber das Gegebene wird nie zurückgenommen.

Nach b. *Ta'anith* 25a

Die zwei Engel

Es wurde gelehrt:

Rabbi Jossé, der Sohn Rabbi Judahs, sagte:

Wenn am Freitagabend ein Mann von der Synagoge nach Hause geht, begleiten ihn zwei Engel, ein guter und ein böser. Kommt er zu Hause an und findet, dass die Lampe brennt, der Tisch gedeckt und das Bett gemacht ist, dann ruft der gute Engel aus: „So möge es auch am nächsten Sabbath sein!" Und der böse Engel muss gezwungenermaßen mit „Amen" antworten. Ist all das aber nicht der Fall, dann ruft der böse Engel aus: „So möge es auch am nächsten Sabbath sein!" Und der gute Engel muss gezwungenermaßen mit „Amen" antworten.

b. *Schabbath* 119b

Seine Verdienste sind sehr groß

In Neharde'a stand eine ruinenhafte Mauer, an der Raw und Samuel nie vorbeigingen, obwohl sie bereits dreizehn Jahre lang in diesem Zustand stehen geblieben war.

Eines Tages kam Raw Ada bar Ahawah dorthin. Als sie in die Nähe der Mauer kamen, schlug Samuel dem Raw vor, wieder den gewöhnlichen Umweg zu machen.

Raw jedoch antwortete: „Jetzt ist das nicht nötig, denn wir haben ja Raw Ada bar Ahawah bei uns. Seine Verdienste sind sehr groß und werden uns schützen. Ich habe keine Angst."

Raw Huna hatte Wein in einem zerfallenen Haus aufbewahrt und wollte den Wein von dort wegnehmen. Deshalb verwickelte er Raw Ada bar Ahawah in eine religionsgesetzliche Diskussion, bis der Wein fortgeschafft war. Sobald sie das Haus verlassen hatten, fiel es ein.

Als Raw Ada bar Ahawah bemerkte, wozu er sich hergegeben hatte, wurde er zornig und sprach: „Ist das nicht ein Fall wie der, von dem Rabbi Jannai sagte, dass man sich nie an einem Ort der Gefahr aufhalten soll, in dem Glauben, dass man durch ein Wunder gerettet würde? Vielleicht geschieht kein Wunder. Und selbst wenn ein Wunder geschieht, wird einem das von seinen Verdiensten abgezogen."

Nach b. *Ta'anith* 20b

Warum Moses stotterte

Als der Knabe Moses in den Palast Pharaos gebracht wurde, da liebkoste und küsste ihn die Tochter Pharaos. Sie liebte ihn wie ihr eigenes Kind und erlaubte nicht, dass er den königlichen Palast verließ.

Weil er so hübsch war, wollte ihn jedermann sehen, und wer ihn auch sah, konnte sich von ihm nicht wieder losreißen.

Selbst Pharao pflegte ihn zu küssen und zu umarmen. Und Moses pflegte dann die Krone Pharaos in seine Hände zu nehmen und sie sich auf seinen eigenen Kopf zu setzen. Er war ja schließlich dazu bestimmt, das einmal in einem gewissen Sinne als Erwachsener zu tun.

Jedoch die Zauberer Ägyptens saßen da und sahen dem Spiel zu. Sie sprachen zu Pharao: „Wir fürchten uns vor dem, der dir die Krone abnimmt und sie sich auf seinen eigenen Kopf setzt. Er könnte doch der sein, von dem wir weissagen, dass er dir die Herrschaft entreißen wird."

Einige rieten nun dem Pharao, den Moses ermorden zu lassen; andere, ihn verbrennen zu lassen.

Aber auch Jethro war unter den Ratgebern und er sprach: „Dieser Knabe hat keine Vernunft. Prüft ihn doch nur. Stellt vor ihn ein goldenes Gefäß und brennende Kohle hin. Streckt er seine Hand nach dem Gold aus, so hat er Vernunft, und ihr könnt ihn töten. Streckt er aber seine Hand nach der brennenden Kohle aus, dann hat er keine Vernunft, und er kann nicht zur Todesstrafe verurteilt werden."

Man stellte das goldene Gefäß und die brennende Kohle vor Moses hin. Er war gerade dabei, seine Hand nach dem Gold auszustrecken, als der Engel Gabriel kam und seine Hand beiseite schob. So fasste Moses die brennende Kohle an und nahm sie in den Mund. Er verbrannte sich die Zunge und wurde „schwer von Mund und schwer von Zunge“ (Exodus 4,10).

Nach *Exodus Rabbah* I, 26

„Entweder Geselligkeit oder Tod“

Es lehrte Rabbi Jochanan:

Sein ganzes Leben lang grübelte Choni, dieser Gerechte, über den Vers (Psalm 126,1): „Als der Herr zurückführte die Weggeführten Zions, da waren wir gleich Träumenden.“ Da das babylonische Exil siebzig Jahre lang dauerte, muss man sich doch fragen, ob man siebzig Jahre lang schlafen und träumen kann.

Eines Tages, während Choni seines Weges ging, sah er einen Mann, der einen Johannisbrotbaum pflanzte.

Er sagte zu dem Mann: „Du weißt, dass es siebzig Jahre dauert, bis der Johannisbrotbaum Früchte trägt. Bist du aber auch sicher, dass du selbst noch siebzig Jahre leben wirst, um von den Früchten zu essen?“

Der Mann antwortete: „Ich habe in der Welt Johannisbrotbäume vorgefunden. So wie meine Väter sie für mich gepflanzt haben, pflanze ich sie für meine Nachkommen.“

Danach setzte sich Choni hin, um zu essen, fiel aber in einen tiefen Schlaf. Während er schlief, formte sich eine Grotte um ihn herum, sodass er von den Augen der Menschen abgeschirmt war. So schlief er dann auch siebzig Jahre lang.

Als er aufwachte, sah er einen Mann, der Johannisbrot von einem Johannisbrotbaum pflückte und es aß. Er fragte ihn: „Weißt du, wer diesen Johannisbrotbaum gepflanzt hat?“

„Mein Großvater“, antwortete der Mann.

„Da muss ich wohl siebzig Jahre lang geschlafen haben!“ schrie Choni.

Dann ging er in sein Haus und erkundigte sich, ob der Sohn von Choni noch lebe. Man sagte ihm, dass der Sohn nicht mehr unter den Lebenden weile, dass der Enkel aber noch am Leben sei.

Da sagte er: „Ich bin Choni", aber die Menschen glaubten es ihm nicht.

Choni ging dann ins Lehrhaus, nahm an der Diskussion teil und hörte, wie die Gelehrten sagten: „Der Lehrstoff ist uns heute so klar, wie er in den Tagen Chonis war. Denn, wenn Choni in das Lehrhaus kam, hat er immer den Gelehrten alle Schwierigkeiten erklärt."

„Ich bin Choni!" schrie er. Aber es wurde ihm nicht geglaubt. Auch wurde ihm nicht die Ehre, die er erwartet hatte, erwiesen.

Da wandte sich Choni an Gottes Barmherzigkeit und wünschte sich, zu sterben. Und er starb.

Rawa meinte: „Von hier stammt das Sprichwort: ‚Entweder Geselligkeit oder Tod'."

Nach b. *Ta'anith* 23 a

„Du kannst gut predigen“

Es wurde gelehrt:

Rabbi Elieser sagte: Wer das Gebot der Fortpflanzung nicht erfüllt, ist, als ob er Blut vergossen hätte. Denn es heißt (Genesis 9,6): „Wer Blut des Menschen vergießt, durch den Menschen werde vergossen sein Blut.“ Und gleich danach heißt es (Genesis 9,7): „Seid fruchtbar und mehret euch!“

Rabbi Jakob sagte: Er ist, als ob er das Ebenbild Gottes verringert hätte. Denn es heißt (Genesis 9,6): „Im Bilde Gottes hat Er den Menschen gemacht.“ Und gleich danach heißt es (Genesis 9,7): „Seid fruchtbar und mehret euch!“

Ben Asaj, der selber Junggeselle war, sagte: Er ist, als ob er beides getan hätte: Blutvergießen *und* die Verringerung des Ebenbildes Gottes. Denn es heißt (Genesis 9,7): „Seid fruchtbar und mehret euch!“

Da sprachen seine Kollegen zu Ben Asaj: Manche können gut predigen und gut das erfüllen, was sie predigen. Manche können die Gebote gut halten, aber nicht gut predigen. Du aber kannst gut predigen, doch nicht gut erfüllen, was du predigst.

Ben Asaj antwortete: Was kann ich tun? Meine Seele ist doch in die Torah verliebt. Es können ja andere die Welt aufrecht erhalten.

Nach b. *Jebhamoth* 63b

XIII
DER RAT KLUGER FRAUEN

Die vereitelte Scheidung

Raw Idi erzählte:

Es geschah einmal, dass eine Frau in Sidon mit ihrem Mann zehn Jahre lang lebte, ohne dass sie ihm ein Kind gebar. Dem Gesetz in diesen Angelegenheiten folgend, gingen sie zu Rabbi Simeon bar Jochai, um sich scheiden zu lassen.

Der Rabbi sprach zu ihnen: „Bei eurem Leben! So wie ihr, als ihr euch trauen ließet, bei einem festlichen Gelage zusammen kamt, so sollt ihr euch auch jetzt nicht ohne ein festliches Gelage trennen."

Sie folgten dem Rat des Rabbi und bereiteten ein großes Fest, bei dem die Frau ihrem Mann mehr als gewöhnlich zu trinken gab. Als er sich nun sehr wohl fühlte, sagte er zu seiner Frau: „Töchterlein, du kannst dir aus meinem Hause das mitnehmen, was dir am besten gefällt; und dann kehre zurück in das Haus deines Vaters."

Was tat sie? Als er eingeschlafen war, befahl sie ihren Knechten und Mägden, ihn und das Bett, auf dem er schlief, in das Haus ihres Vaters zu bringen.

Um Mitternacht wachte der Mann auf. Als der Weinrausch ihn verlassen hatte, sah sich der Mann verwundert um und sprach: „Töchterlein, wo bin ich denn eigentlich?"

„Du bist", antwortete sie, „im Hause meines Vaters."

„Was habe ich denn mit dem Hause deines Vaters zu tun?"

Sie antwortete: „Erinnerst du dich nicht daran, dass du mir gestern Abend gesagt hast, dass ich das, was mir am besten gefällt, mitnehmen kann, wenn ich zu meinem Vater zurückkehre? Nichts gefällt mir besser in der ganzen Welt als du!"

Da gingen sie wieder zusammen zu Rabbi Simeon bar Jochai. Er betete für sie; und die Frau wurde schwanger.

Nach *Schir Haschirim Rabbah* I,4, ii

Der zurückverlangte Schatz

Einst, als Rabbi Meir an einem Sabbath Nachmittag im Lehrhaus saß und die Schrift erklärte, starben seine zwei Söhne. Was tat ihre Mutter? Sie legte sie auf ein Bett und bedeckte sie mit einem Laken.

Am Sabbathausgang, als Rabbi Meir nach Hause kam, wollte er wissen, wo seine zwei Söhne seien. Da sagte seine Frau: „Sie sind ins Lehrhaus gegangen."

Rabbi Meir aber sprach: „Ich habe mich im Lehrhaus umgesehen und sie dort nicht gefunden."

Nun reichte seine Frau ihm den Weinkelch zum Sabbathausgangsgebet. Er sprach das Gebet. Dann kam er wieder auf seine Söhne zurück. „Wo sind meine beiden Söhne?" fragte er.

„Sie sind irgendwo hingegangen", antwortete seine Frau, „und werden sicher bald wiederkommen."

Sie brachte ihm nun das Abendessen.

Nachdem er gegessen hatte, sprach sie: „Rabbi, darf ich eine religionsgesetzliche Frage an dich stellen?"

„Frag, Töchterlein, frag", antwortete Rabbi Meir.

Sie erzählte: „Vor einiger Zeit kam ein Mann hierher und gab mir einen Schatz zum Aufbewahren. Nun kam er wieder zurück, um den aufbewahrten Schatz an sich zu nehmen. Soll ich den Schatz zurückgeben oder nicht?"

„Aber Töchterlein", erwiderte entrüstet Rabbi Meir, „was ist denn das für eine Frage! Wenn man es übernommen hat, für jemanden etwas aufzubewahren, muss man es natürlich auf Verlangen zurückgeben."

Darauf sprach seine Frau: „Ja, du hast recht. Selbst ohne deine Meinungsäußerung hätte ich den aufbewahrten Schatz zurückgegeben."

Dann nahm sie ihren Mann bei der Hand und führte ihn in das obere Zimmer zu dem Bett, in dem die toten Söhne lagen. Sie entfernte das Laken, mit dem sie die beiden Leichen zugedeckt hatte; und Rabbi Meir sah nun seine beiden toten Söhne.

Rabbi Meir weinte und schrie: „Meine Söhne, meine Söhne! Meine Lehrer, meine Lehrer! Meine Söhne – weil sie sich immer anständig verhalten haben; meine Lehrer – weil sie meine Augen durch ihr Torahstudium erleuchtet haben."

Nun sprach seine Frau: „Rabbi, hast du mir nicht selber gesagt, dass man einen aufbewahrten Schatz seinem Besitzer zurückgeben muss? Der Besitzer ist gekommen und hat seinen Schatz zurückgenommen."

Da zitierte Rabbi Meir die Worte des Hiob (1,21): „Der Herr hat's gegeben, der Herr hat's genommen; der Name des Herrn sei gelobt!"

Nach *Midrasch Mischlé* 31, ed. Buber, p. 54b–55a

Gott ist kein Dieb

Der römische Kaiser sagte einmal zu Rabban Gamaliel: „Euer Gott ist doch ein Dieb, denn es heißt (Genesis 2,21): ‚Da ließ Gott der Herr einen tiefen Schlaf auf Adam fallen, und er schlief ein. Und Er nahm eine seiner Rippen usw.'"

Da sprach des Kaisers Tochter zu Rabban Gamaliel: „Überlasse ihn mir, und ich werde ihm schon antworten."

Dann bat sie ihren Vater, ihr einen Hauptmann zur Begleitung nach Hause abzukommandieren.

„Wozu brauchst du ihn denn?" fragte der Kaiser.

Sie antwortete: „Diebe kamen zu uns ins Haus gestern in der Nacht. Sie haben einen silbernen Krug geraubt und uns statt seiner einen goldenen Krug gebracht."

„Ach", sagte der Kaiser, „mögen doch solche Diebe täglich zu uns kommen!"

„Genau!" antwortete die Tochter. „War es denn nicht Adams Gewinn, dass ihm eine Rippe weggenommen wurde und er dafür ein Weib als Geschenk bekam?"

Nach b. *Sanhedrin* 39a

Vertilgung der Sünden, nicht der Sünder

In der Gegend von Rabbi Meir wohnten Verbrecher, die ihm viel zusetzten.

Rabbi Meir betete daher, dass sie sterben mögen.

Seine Frau Beruriah hörte das mit an. Dann sprach sie zu ihm:

„Wie kannst du nur vermuten, dass ein solches Gebet erlaubt wäre?! Etwa, weil es im Psalm 104,35 heißt: ‚Mögen die Sünder von der Erde verschwinden?‘ Aber das Wort, das du als ‚Sünder‘ (hebräisch: *chatta-im*) liest, kann auch als ‚Sünden‘ (hebräisch: *chata-im*) gelesen werden. Und sieh dir auch den zweiten Teil des Verses an: ‚Und mögen die Frevler nicht mehr sein.‘ Das bedeutet, dass es, wenn es keine Sünden mehr gibt, auch keine Frevler mehr geben wird. Du sollst also dafür beten, dass diese Menschen Buße tun. Dann wird es keine Frevler mehr geben."

Rabbi Meir tat es; und die Verbrecher taten Buße.

Nach b. *Berakhoth* 10a

Der Kaiser, der Gott werden wollte

Als der römische Kaiser Hadrian die ganze Welt bezwungen hatte, ging er nach Rom. Dort sprach er zu den Leuten in seinem Palast: „Ich verlange von euch, dass ihr mich zum Gotte macht, denn ich habe die ganze Welt bezwungen."

Da sprachen sie zu ihm: „Du hast deine Regierung noch nicht über Seine Stadt und Sein Haus ausgebreitet."

Er zog nach Jerusalem, und es gelang ihm, das Heiligtum zu zerstören und Israel zu verbannen.

Als er nach Rom zurückgekehrt war, sprach er wieder zu den Leuten in seinem Palast: „Ich habe soeben Sein Haus verwüstet, Seinen Tempel verbrannt und Sein Volk vertrieben. Jetzt macht mich zum Gotte!"

Rabbi Berechjah erzählte:

Hadrian hatte drei Philosophen.

Der erste sprach zu ihm: „Niemand kann gegen einen König in seinem eigenen Palast rebellieren, sondern nur draußen. Geh aus Seinem Palast heraus, und dann kannst du zum Gotte gemacht werden. Jedoch sind Himmel und Erde Seine Schöpfung. Verlasse sie, und dann kannst du Gott werden!"

Der zweite sprach: „Das kannst du aber nicht tun, denn Gott hat schon längst Seinen Propheten gesagt: ‚So sprecht zu ihnen also: Die Götter, die Himmel und Erde nicht gemacht haben, müssen verschwinden von der Erde und unter dem Himmel.' (Jeremia 10,11)"

Der dritte sprach: „Ich bitte dich, hilf mir in dieser schweren Stunde!"

Hadrian fragte: „Was ist denn los?"

Der Philosoph antwortete: „Ich habe ein Schiff, drei Meilen entfernt von hier, das im Meere verschlagen ist. Mein ganzes Vermögen liegt in ihm."

Da sprach Hadrian: „Ich schicke meine Legionen und meine Schiffe dorthin, und sie werden dein Schiff retten."

Der Philosoph erwiderte: „Mein Herr, du brauchst deine Legionen und Schiffe dorthin nicht zu bemühen. Schicke einfach nur etwas ruhigen Wind, und dann hast du mein Schiff gerettet."

Hadrian aber sprach: „Und woher nehme ich diesen Wind?"

Da antwortete der Philosoph: „Was, du kannst keinen Wind schicken, aber zum Gotte willst du dich machen lassen! Es heißt aber doch (Jesaja 42,5): ‚So spricht Gott, der Herr, der die Himmel schafft und ausbreitet, der die Erde macht und ihr Gewächs, der dem Volk, das darauf ist, den Odem gibt, und den Geist (das hebräische Wort kann auch *Wind* bedeuten) denen, die auf ihr gehen.'"

Zornig betrat Hadrian jetzt sein Haus.

Da sprach seine Frau zu ihm: „Deine Philosophen haben dich verführt, indem sie dich glauben ließen, dass du dich zum Gotte machen kannst. Du bist in der Tat ein großer und mächtiger König, und alles ist in deiner Hand. Ich aber sage dir nun etwas sehr Wichtiges. Gib Ihm Sein Pfand zurück, und dann kannst du Gott werden."

Er fragte: „Was ist denn Sein Pfand?"

Sie antwortete: „Die Seele!"

Da sprach er: „Wenn mich meine Seele verlässt, was kann ich dann noch tun?"

Darauf sie: „Du hast keine Gewalt über die Seele, die in dir ist. Tatsächlich heißt es (Prediger Salomo 8,8): ‚Ein Mensch hat nicht Macht über den Geist, den Geist einzusperren, und keine Gewalt über den Tag des Todes.' Wie kannst du dich zum Gott machen? Du bist doch nur ein Mensch und kein Gott!"

Nach *Midrasch Tanḥuma, Bereschith,* 7

XIV
FAMILIENSACHEN

Warum der Mann seine Frau sucht

Die Schüler fragten Rabbi Dosethai, den Sohn Rabbi Jannais:

„Warum geht der Mann auf die Suche nach der Frau, die Frau aber nicht auf die Suche nach dem Mann?“

Er antwortete mit einem Gleichnis: „Ein Mensch verliert etwas. Wer sucht was? Er, der etwas verloren hat, sucht das Verlorene. So sucht auch Adam seine verlorene Rippe.“

Nach b. *Niddah* 31b

Reihenfolge

Es lehrten unsere Meister:

Wenn jemand die Wahl hat, Torah zu lernen oder zu heiraten, soll er zuerst lernen und dann heiraten.

Ist es ihm aber nicht möglich, ohne Frau zu leben, so soll er erst heiraten und dann lernen.

Raw Judah sagte im Namen Samuels: Die Entscheidung ist, dass man zuerst heiratet und dann lernt.

Rabbi Jochanan warf ein: „Wenn einem ein Mühlstein am Halse hängt, wie kann man da Torah lernen!“

Jedoch besteht hier kein Meinungsunterschied. Was Raw Judah im Namen Samuels lehrte, bezieht sich auf uns Babylonier. Was Rabbi Jochanan sagte, bezieht sich auf die palästinensischen Studenten.

Nach b. *Qidduschin* 29b

Schwierig wie das Spalten des Meeres

Eine römische Dame fragte Rabbi Jossé ben Chalafta: „In wie viel Tagen hat Gott die Welt geschaffen?"

Er antwortete ihr: „In sechs Tagen, denn so heißt es (Exodus 31,17): ‚In sechs Tagen machte der Herr Himmel und Erde.'"

„Und was hat Er seitdem gemacht?"

„Er verbindet die Paare und schließt die Ehen. Er bestimmt, wessen Tochter wen heiraten soll."

„Ja!" antwortete die Dame. „Das kann ich ja auch tun. Ich besitze sehr viele Knechte und Mägde, und ganz leicht kann ich sie sparen."

Doch Rabbi Jossé sprach: „Du magst das leicht finden. Für Gott aber ist es so schwierig wie das Spalten des Schilfmeeres."

Rabbi Jossé ging weg, und sie stellte ein Tausend Knechte und ein Tausend Mägde in zwei sich gegenüberstehenden Reihen auf.

Dann befahl sie: „So-und-so heiratet So-und-so, und So-und-so heiratet So-und-so!"

Das sollte alles in der gleichen Nacht geschehen.

Am nächsten Morgen kamen die so gepaarten Knechte und Mägde zu der Dame, der eine mit zerbrochenem Schädel, der andere mit ausgeschlagenem Auge, ein dritter mit gebrochenem Bein. Dieser sagte: „Ich mag diese Frau nicht!" Jene sagte: „Ich kann diesen Mann nicht leiden!"

Da ließ sich die römische Dame den Rabbi Jossé ben Chalafta holen und sprach zu ihm: „Deine Torah hat absolut Recht, und was du erzählt hast, ist wirklich wahr!"

Rabbi Jossé aber sprach: „Das habe ich dir doch gesagt. Du magst das Eheschließen als leichte Sache ansehen. Für Gott jedoch ist es so schwierig wie das Spalten des Schilfmeeres."

Nach *Pessiqta de Rabb Kahana, Pissqa* 2, ed. Buber, p. 11b–12a; vgl. *Genesis Rabbah* 68,4 und *Leviticus Rabbah* 8,1

Deine Kinder

Rabbi Berechja sagte einst im Namen Rabbi Levis:

Ein König hatte einen Weinberg und überließ ihn der Obhut eines Pächters. Wenn der Wein gut war, sprach er: „Wie gut ist doch der Wein von meinem Weinberg!" Aber wenn der Wein schlecht war, sprach er: „Wie schlecht ist der Wein meines Pächters!"

Da sagte der Pächter: „Ob der Wein nun gut oder schlecht ist, so ist er doch auf jeden Fall dein Wein."

So sprach auch der Heilige, gelobt sei Er, am Anfang zu Moses (Exodus 3,10): „So geh nun hin. Ich will dich zu Pharao senden, dass du *Mein Volk*, die Israeliten, aus Ägypten führest."

Als aber die Israeliten das goldene Kalb gemacht hatten, da sprach Er zu Moses (Exodus 32,7): „Geh, steig hinab; denn ausgeartet ist *dein Volk*, das du herausgeführt hast aus dem Lande Ägypten!"

Aber Moses antwortete dem Heiligen, gelobt sei Er: „Herr der Welt! Du willst mir also zu verstehen geben, dass, wenn die Israeliten sündigen, sie *mein* Volk sind, und dass, wenn sie sich sündenlos benehmen, sie *Dir* gehören. So ist das aber nun nicht. Ob sündhaft oder sündenlos, sie gehören Dir!"

Darum heißt es auch (Deuteronomium 9,29): „Und doch sind sie Dein Volk und Dein Erbe."

Nach *Pessiqta de Rabh Kahana, Pissqa* 16, ed. Buber, p. 128b

Zwei sind besser als einer

„Zwei sind besser als einer.“

Prediger Salomo 4,9

Dieser Vers findet seine Erklärung in einem anderen Vers (Sprüche Salomos 18,22), in dem es heißt: „Wer eine Ehefrau findet, der findet etwas Gutes und hat Gnade erlangt vom Herrn.“

Jedoch heißt es auch (Prediger Salomo 7,26): „Bitterer als den Tod fand ich das Weib.“

Die Heilige Schrift will eben sagen: Ist sie eine gute Frau, so gibt es nichts Besseres; ist sie aber eine böse Frau, so gibt es nichts Schlimmeres. Das ist die Bedeutung von: „Wer eine Ehefrau findet, der findet etwas Gutes.“

So findest du auch, dass, vor der Schöpfung der Frau, die Bibel berichtet: „Es ist nicht gut, dass der Mensch allein sei.“ (Genesis 2,18.) Nachdem sie aber erschaffen wurde, heißt es: „Und Gott sah alles, was Er gemacht hatte, und siehe, es war sehr gut.“ (Genesis 1,31.) Das ist die Bedeutung von: „Wer eine Ehefrau findet, der findet etwas Gutes.“

Es lehrten unsere Meister: „Wer keine Frau hat, der lebt ohne Segen, ohne Leben, ohne Freude, ohne Hilfe, ohne Gutes und ohne Frieden.“

„Ohne Segen“ – denn es heißt (Genesis 1,28): „Und Gott segnete sie.“ „Sie“ – der Plural bedeutet, dass es sich um beide handelte.

„Ohne gutes Leben“ – denn es heißt (Prediger Salomo 9,9): „Genieße das Leben mit einem Weibe.“

„Ohne Freude“ – denn es heißt (Sprüche Salomos 5,18): „Freue dich des Weibes deiner Jugend.“

„Ohne Hilfe“ – denn es heißt (Genesis 2,18): „Ich will ihm eine Gehilfin machen.“

„Ohne Gutes“ – denn es heißt (Sprüche Salomos 18,22): „Wer eine Ehefrau findet, der findet etwas Gutes.“

„Ohne Frieden“ – denn es heißt (Hiob 5,24): „Und du wirst erfahren, dass ein Zelt Frieden hat.“ „Zelt“ hat aber hier die Bedeutung von „Frau“, wie in Deuteronomium 5,27: „Kehret heim zu euren Zelten!“

Manche sagen auch, dass ein Mann, der ohne Frau lebt, auch ohne Torah lebt, wie es heißt (Hiob 6,13): „Habe ich keine Hilfe bei mir, dann ist auch der Verstand von mir entrückt.“

Das also ist die volle Bedeutung von „Wer eine Ehefrau findet, der findet etwas Gutes.“

Ja, so wichtig ist der Ehestand, dass der Heilige, gelobt sei Er, in allen drei Teilen der Heiligen Schrift – im Pentateuch, in den Propheten und in den Hagiographen – Seinen Namen mit der Ehe verbindet.

Im Pentateuch – denn es heißt, als Elieser die Rebekka für Isaak holte (Genesis 24,50): „Und Laban und Bethuel antworteten und sprachen: ‚Vom Herrn ist die Sache ausgegangen.‘“

In den Propheten – denn es heißt, als Simson sich eine Frau nahm (im Buche der Richter, das in der jüdischen Bibel zum Prophetenkanon gehört, 14,4): „Sein Vater und seine Mutter wussten nicht, dass es vom Herrn war.“

In den Hagiographen – denn es heißt (Sprüche Salomos 19,14): „Ein vernünftiges Weib kommt vom Herrn.“

Du lernst also daraus, dass der Heilige, gelobt sei Er, Seinen Namen mit der Ehe verbindet.

Nach *Midrasch Tehillim* LIX, 2, ed. Buber, p. 151 a,b

Das Hochzeitslied

Es lehrten unsere Meister:

Was singt man, wenn man vor der Braut tanzt?

Die Schule Schammais sagt: „Man beschreibt die Braut, wie sie wirklich aussieht."

Die Schule Hillels sagt: „Man singt: ‚Hübsche und liebreiche Braut!'"

Da sagten die Schammaiten zu den Hilleliten: „Soll man ‚Hübsche und liebreiche Braut!' singen, selbst dann, wenn sie lahm oder blind ist? Die Torah sagt doch (Exodus 23,7): ‚Von einem falschen Ausspruch halte dich fern!'"

Die Hilleliten erwiderten: „Soll man nach eurer Meinung, wenn jemand ein schlechtes Geschäft auf dem Marktplatz gemacht hat, das, was er gekauft hat, in seiner Gegenwart loben oder gering schätzen? Auch ihr würdet doch zugestehen, dass man es, um ihm nicht wehzutun, in seiner Gegenwart loben soll!"

Auf Grund dieses Prinzips sagen auch die Weisen: „Der Mensch soll sich immer bemühen, seinen Mitmenschen gegenüber freundlich zu sein."

Als Raw Dimi von Palästina nach Babylonien kam, erzählte er, dass man in Palästina vor der Braut singt: „Sie gebraucht keinen Puder, und sie gebraucht keine Schminke. Sie lässt sich ihr Haar nicht färben. Dennoch sieht sie aus wie eine anmutige Gazelle!"

Nach b. *Kethubhoth* 16b, 17a

Im Augenblick der Empfängnis

Antoninus fragte den Patriarchen Rabbi Judah:

„Wann wird die Seele in den Menschen gelegt? Im Augenblick der Empfängnis? Oder erst wenn das Embryo geformt ist?"

Er antwortete: „Wenn das Embryo geformt ist."

Antoninus widersprach: „Kann ein Stück Fleisch auch nur drei Tage lang ungesalzen daliegen, ohne zu verfaulen? Man muss also annehmen, dass die Seele schon im Augenblick der Empfängnis dem Menschen zugeteilt wird."

Rabbi Judah sagte dann: „Das hat mich Antoninus gelehrt. Tatsächlich wird seine Meinung von der Heiligen Schrift unterstützt, denn es heißt (Hiob 10,12): ‚Deine Verordnung hat meinen Geist bewacht.'"

Nach b. *Sanhedrin* 91b

Erst von der Geburt an

Antoninus fragte den Patriarchen Rabbi Judah:

„Wann fängt der böse Trieb an, den Menschen zu beherrschen? Wenn das Embryo geformt ist, oder erst im Augenblick der Geburt?"

Er antwortete: „Wenn das Embryo geformt ist."

Antoninus widersprach: „Wenn dem so sei, so würde doch das Embryo schon im Mutterleibe widerspenstig sein und ihn verlassen. Du musst also sagen, dass der böse Trieb erst bei der Geburt zur Herrschaft gelangt."

Rabbi Judah sagte dann: „Das hat mich Antoninus gelehrt. Tatsächlich wird seine Meinung von der Heiligen Schrift unterstützt, denn es heißt (Genesis 4,7): ‚Vor dem Eingang lagert die Sünde.'"

Nach b. *Sanhedrin* 91b

Die drei Beteiligten

Es wurde gelehrt:

Wenn ein Kind im Mutterleib geformt wird, sind drei daran beteiligt: der Heilige, gelobt sei Er, der Vater und die Mutter. Vom Samen des Vaters kommen die weißen Substanzen wie das Gehirn, die Nägel, das Weiße der Augen, die Knochen und die Sehnen. Von der Mutter stammen die roten Substanzen wie das Blut, die Haut, das Fleisch, das Haar und das Schwarze in den Augen. Der Heilige, gelobt sei Er, Sein Name sei gepriesen und Sein Gedenken verherrlicht, gibt dem Kind die folgenden Dinge: Lebensodem, Seele und Gesichtsausdruck, die Sehkraft, das Gehör und die Sprache, die Fähigkeit, die Hände zu erheben und mit den Füßen zu gehen, und Weisheit, Einsicht, Rat, Wissen und Kraft.

Wenn die Todesstunde kommt, nimmt der Heilige, gelobt sei Er, Seinen Anteil und überlässt den Eltern ihren Anteil.

Wenn die Eltern weinen, spricht der Heilige, gelobt sei Er, zu ihnen: „Warum weint ihr? Habe ich euch denn etwas weggenommen? Ich habe doch nur Meinen eigenen Anteil zurückgenommen."

Jedoch die Eltern erwidern: „Herr der Welt! Solange Dein Anteil mit unserem vermischt war, war unser Anteil vor Made und Wurm bewahrt. Jetzt, wo Du Deinen Anteil von unserem getrennt hast, liegt unser Anteil hinweggeworfen da und ist der Made und dem Wurm überlassen."

Nach *Qoheleth Rabbah* V, 10, ii

Ein gewisses Gewürz

Der römische Kaiser fragte einmal den Rabbi Josua ben Chananja:

„Wie kommt es, dass eure Sabbathspeise so einen köstlichen Geruch hat?"

„Wir benutzen", antwortete er, „ein gewisses Gewürz, das Sabbath heißt, und tun es in die Speise. Daher kommt der köstliche Geruch."

„Dann gib uns doch etwas von diesem Gewürz", bat der Kaiser.

„Das würde dir nichts nützen", antwortete der Rabbi. „Es nützt nur dem, der den Sabbath hält. Für den, der den Sabbath nicht hält, ist es nutzlos."

b. *Schabbath* 119a

XV
WORT- UND GEDANKENSPIELE

Die Jünger der Weisen vermehren den Frieden

Es sprach Rabbi Ele'asar im Namen des Rabbi Chanina:
Die Jünger der Weisen vermehren den Frieden in der Welt.
Denn es heißt: „Alle deine Söhne werden Jünger des Herrn sein,
und groß ist der Friede deiner Söhne." (Jesaja 54, 13.)
Lies hier nicht: *banajikh* (deine Söhne), sondern: *bonajikh* (deine Bauleute).

„Viel Frieden haben alle, die Deine Torah lieben.
und sie trifft kein Anstoß." (Psalm 119, 165.)
„Friede wohne in deinen Mauern,
in deinen Häusern Geborgenheit.
Wegen meiner Brüder und Freunde
will ich sagen: In dir sei Friede.
Wegen des Hauses des Herrn, unseres Gottes,
will ich dir Glück erflehen." (Psalm 122, 7–9.)
„Der Herr gebe Kraft Seinem Volk,
Der Herr segne Sein Volk mit Frieden." (Psalm 29, 11.)

Zu Zeilen 4–5: Die alten Rabbinen liebten das Wortspiel und wandten es auch in ihrer Bibelexegese an – ohne dabei ernstlich an eine Emendation des biblischen Textes zu denken. Es war eine *zusätzliche* Ebene der Sinngewinnung aus der Heiligen Schrift, die natürlich den einfachen Sinn des Schriftworts nicht in Frage stellte. Die Worte *banajikh* (deine Söhne) und *bonajikh* (eine Bauleute) sind sich übrigens so ähnlich, dass in der in manchen Gegenden Deutschlands (etwa Bayern, Pfalz) üblichen Aussprache des Hebräischen *beide* Worte *„ponajikh"* ausgesprochen werden.

Zwei Verben

Rabbi Isaak lehrte:

Das, was die Propheten in zukünftigen Generationen weissagten, hatten sie schon von der sinaitischen Offenbarung her empfangen. So sprach auch Moses zu den Israeliten: („Ich mache diesen Bund und diesen Eid nicht mit euch allein,) sondern sowohl mit euch, die ihr heute hier seid und mit uns steht vor dem Herrn, unserem Gott, als auch mit denen, die heute nicht hier mit uns sind“ (Deut 29,14). Es heißt hier nicht: „die heute nicht mit uns stehen“, sondern „die heute nicht hier mit uns sind.“ Das bezieht sich auf die Seelen, die erst in der Zukunft erschaffen werden sollen. Weil sie damals noch keine Realität hatten, wird das Wort „stehen“ hier nicht von ihnen gebraucht.

Exodus Rabbah 28,6

Mit dem Sabbath vermählt

„Gedenke des Sabbathtages, ihn zu heiligen.“

(Das hebräische Verbum *qaddesch* = „heiligen“, das hier gebraucht wird, ist auch das Verbum, das in anderen Zusammenhängen die Eheschließung bedeuten kann.)

Rabbi Berechja lehrte:

Der Sabbath der Schöpfung stand ohne Partner da. Sonntag ging mit Montag, Dienstag mit Mittwoch und Donnerstag mit Freitag. Aber der Sabbath hatte keinen Partner ...

Rabbi Simeon ben Jochai lehrte:

Der Sabbath sprach zu dem Heiligen, gelobt sei Er: „Herr der Welten, alle anderen Tage haben Partner. Wie kommt es, dass ich keinen Partner habe?“

Da antwortete der Heilige, gelobt sei Er: „Die Gemeinde Israels wird dein Partner sein.“

Als dann die Israeliten vor dem Berge Sinai standen, sprach Gott zu ihnen: „Gedenket des Wortes, das Ich einst zum Sabbath sprach: ‚Die Gemeinde Israels wird dein Partner sein‘!“

Daher heißt es: „Gedenke des Sabbathtages, ihn zu heiligen *(leqaddescho).*“ Das bedeutet: dich mit ihm zu vermählen.

Genesis Rabbah, XI, 8, ed. Theodor-Albeck, Bd. I, S. 95–96; vgl. *Pessiqta Rabbathi,* Kap. 23, ed. Friedmann, p. 117b

Nicht wie diese Welt

Es war ein Lieblingsspruch Raws:

Nicht wie diese Welt ist die kommende Welt.

In der kommenden Welt
gibt es kein Essen oder Trinken
keine Fortpflanzung, kein Geschäft
und keinen Neid,
keinen Hass und keinen Wettbewerb.
Aber die Frommen sitzen mit Kronen
auf ihrem Haupt
und ergötzen sich
am Glanz der göttlichen Gegenwart.

Nach b. *Berakhoth* 17 a

Am Anfang war die Weisheit

Rabbi Oschaja eröffnete die Bedeutung der folgenden Verse:

Ruft nicht die Weisheit?
Gibt die Verständigkeit
ihre Stimme nicht an? …
Der Herr hat mich als Anfang
Seines Weges gestiftet,
als vorderstes Seiner Werke von je …
Werkmeister war ich neben Ihm,
war Entzücken ich Tag um Tag,
spielend zu aller Stunde vor Ihm.

Sprüche Salomos 8,1, 22,30

Da die Weisheit nun gleichbedeutend mit Torah ist, lassen sich die Verse folgendermaßen verstehen:

Die Torah sagt von sich selbst aus, dass sie das Werkgerät des Heiligen, gelobt sei Er, war.

Wenn nämlich ein irdischer König sich einen Palast baut, so baut er ihn gewöhnlich nicht durch seine eigene Geschicklichkeit, sondern er lässt sich dazu einen Architekten kommen. Aber auch der Architekt baut nicht auf einen plötzlichen Einfall hin. Er gebraucht zuerst Pläne und Zeichnungen, um festzustellen, wo er die Kammern und die Pförtchen anbringen soll.

So blickte auch der Heilige, gelobt sei Er, zunächst in die Torah, und dann erst schuf er die Welt. Daher sagt auch die Torah (Genesis 1,1): „Am (oder: Mit dem) Anfang schuf Gott Himmel und Erde." „Anfang" bezieht sich aber auf die Torah, von der es

(Sprüche Salomos 8,22) heißt: „Der Herr hat mich als Anfang Seines Weges gestiftet.“

Das bedeutet also, dass Genesis 1,1 so zu verstehen ist: „Mit der Torah schuf Gott Himmel und Erde.“

Nach *Genesis Rabbah* 1,1, ed. Theodor-Albeck, S. 1–2; vgl. dazu Evangelium des Johannes, 1,1–3

Wann kommt der Sohn Davids?

Rabbi Jochanan sagte:

Wenn du ein Zeitalter siehst, das immer mehr dahinschwindet, hoffe auf den Messias. Denn so steht es (2 Samuel 22,28) geschrieben: „Du hilfst dem elenden Volk."

Auch sagte Rabbi Jochanan:

Wenn du ein Zeitalter siehst, das von Qualen überflutet wird wie ein Strom, warte auf den Messias. Denn so heißt es (Jesaja 59,19): „Wenn der Feind kommt wie ein Strom, den der Wind des Herrn forttreibt ..." Und gleich danach (Jesaja 59,20) heißt es: „Und nach Zion wird der Erlöser kommen."

Ferner sagte Rabbi Jochanan:

Der Sohn Davids kommt nur in einem Zeitalter, das völlig gerecht ist, oder in einem Zeitalter, das völlig böse ist.

Rabbi Alexandri wies auf einen Widerspruch in Jesaja 60,22 hin.

Dort steht über die messianische Erlösung geschrieben: „Ich, der Herr, werde es zu seiner Zeit beschleunigen."

Nun, wenn es „zu seiner Zeit" ist, was bedeutet dann „beschleunigen"?

Wenn Gott es aber „beschleunigt", was bedeutet dann „zu seiner Zeit"?

Rabbi Alexandri erklärte:

Wird Israel würdig sein, „beschleunige Ich" die Erlösung.

Wird Israel aber unwürdig sein, dann kommt der Erlöser erst „zu seiner Zeit".

Nach b. *Sanhedrin* 98a

XVI
WEISHEITLICHES

Rabbinische Ratschläge aus *Mischnah Abboth*

Auf drei Dingen steht die Welt: Auf der Torah, auf dem Gottesdienst und auf der Übung von Liebeswerken.

Mischnah Abboth 1,2

Auf drei Säulen ruht der Bestand der Welt: Auf der Wahrheit, auf dem Recht und auf dem Frieden.

Mischnah Abboth 1,18

Bedenke drei Dinge, und du wirst nicht der Sünde verfallen: woher du gekommen bist, wohin du gehst und vor wem du dereinst Rechenschaft ablegen musst.

Mischnah Abboth 3,1

Hillel sagte: „Sondere dich nicht von der Gemeinschaft ab, und glaube nicht an dich selbst bis zu deinem Todestag, und richte deinen Nebenmenschen nicht, bis du in seine Lage kommst.

Mischnah Abboth 2,4

Der Ungebildete hat nicht die rechte Scheu vor der Sünde; der Unwissende kann nicht ein Frommer sein; der Schüchterne lernt nicht, und der Jähzornige ist kein Lehrer; wer nur auf Erwerb sinnt, wird nicht weise werden. Und wo es an Männern fehlt, raffe dich auf, ein Mann zu sein.

Mischnah Abboth 2,5

Rabbi Tarphon sagte: „Der Tag ist kurz, die Arbeit groß, die Arbeiter sind träge. Doch der Lohn ist hoch, und der Hausherr drängt. Es liegt dir nicht ob, das Werk zu vollenden, aber es steht dir auch nicht frei, dich ihm zu entziehen."

Mischnah Abboth 2,15–16

An wem die Menschen Wohlgefallen haben, an dem hat auch Gott Wohlgefallen; an wem aber die Menschen kein Wohlgefallen haben, an dem hat auch Gott kein Wohlgefallen.

Mischnah Abhoth 3,10

Rabbi Meir sagte: „Sieh nicht auf den Krug, sondern auf seinen Inhalt; mancher Krug ist neu und enthält alten Wein, und mancher Krug ist alt und enthält nicht einmal jungen Wein.

Mischnah Abhoth 3,20

Je nach der Mühe ist der Lohn.

Mischnah Abhoth 5,22

Ohne Torah keine Sitten, ohne Sitten keine Torah; ohne Weisheit keine Gottesfurcht, ohne Gottesfurcht keine Weisheit; ohne Erkenntnis keine Vernunft, ohne Vernunft keine Erkenntnis; ohne Nahrung kein Torahstudium, ohne Torahstudium keine Nahrung.

Mischnah Abhoth 3,17

Bei wem das Tun bedeutender ist als das Wissen, bei dem hat das Wissen Bestand; bei wem aber das Wissen bedeutender ist als das Tun, bei dem hat das Wissen keinen Bestand.

Mischnah Abhoth 3,9

Rabbi Jochanan ben Sakkai sagte: „Hast du viel Torah gelernt, so tue dir nichts darauf zugute, denn dazu bist du geschaffen.“

Mischnah Abhoth 2,8

Alles ist von Gott vorgesehen, aber die freie Wahl ist dem Menschen gegeben. In Güte wird die Welt gerichtet, und auf die Summe der Taten kommt es an.

Mischnah Abhoth 3,15

Hillel sagte: „Wenn ich nicht für mich bin, wer ist für mich? Bin ich aber nur für mich, was bin ich schon? Und wenn nicht jetzt, wann denn?“

Mischnah Abboth 1,14

Ben Soma lehrte:

Wer ist weise? Wer von jedem Menschen lernt ...
Wer ist stark? Wer seine Leidenschaft bezwingt ...
Wer ist reich? Wer sich mit seinem Anteil freut ...
Wer ist geehrt? Wer die Menschen ehrt ...

Mischnah Abboth 4,1

Rabbi Eleasar Hakkappar lehrte:

Der Neid, die Begierde und die Ehrsucht bringen den Menschen aus der Welt.

Mischnah Abboth 4,21

Vor beinahe 2000 Jahren lehrte Hillel: „Glaube nicht an dich selbst, bis zu deinem Sterbetage!“ (*Mischnah Abboth* 2,4). Und ein späterer Meister unterstrich diese Lehre, indem er anführte

„Siehe, Jochanan Hyrkanos diente 80 Jahre als (gut pharisäischer) Hohepriester. Am Ende ist er aber dennoch Sadduzäer geworden.“

b. *Berakhoth* 29a

Fundierte Menschenkenntnis

Der böse Trieb

Der böse Trieb im Menschen lüstet nur nach Verbotenem. An einem Versöhnungstag, an dem Essen und Trinken streng verboten sind, stattete Rabbi Mana dem Rabbi Chaggai, der krank war, einen Besuch ab.

Da sagte Rabbi Chaggai: „Ich habe großen Durst."

Rabbi Mana sprach: „Du darfst trinken."

Nach einer Stunde kam Rabbi Mana wieder und fragte Rabbi Chaggai: „Wie steht es um deinen Durst?"

Da antwortete Rabbi Chaggai: „Sowie du mir das Trinken erlaubt hast, verschwand der Durst."

Nach p. *Joma* VI, 4, ed. Krotoschin, p. 43d

Der Blick

Rabbi Acha, Sohn des Rabbi Josijah, lehrte:

Jeder, der seinen Blick auf die Frauen richtet, fällt der Macht der Sünde anheim.

b. *Nedarim* 20a. Vgl. auch Matthäus 5,28

Waffen sind kein Schmuck

Am Sabbath darf der Mann nicht ausgehen mit einem Schwerte, einem Bogen, einem dreieckigen oder runden Schilde und einem Spieße. Ist er aber dennoch mit diesen Waffen am Sabbath ausgegangen, ist er schuldig und verpflichtet, ein Sündopfer zu bringen.

Rabbi Elieser meinte, er sei nicht schuldig, denn diese Waffen dienen doch nur zum Schmuck.

Die Weisen aber meinten, dass Waffen nie Schmuck sind. Sie sind eine Schmach. Denn von der messianischen Zukunft heißt es in Jesaja 2,4: „Dann werden sie ihre Schwerter zu Pflugscharen und ihre Lanzen zu Winzermessern umschmieden; kein Volk wird mehr gegen das andere das Schwert erheben, und man wird nicht mehr für den Krieg üben."

Mischnah Schabbath 6,4

Stehen Zedern schon in Brand,
wie hilft sich's Kräutchen an der Wand?

b. *Mo'ed Qaton* 25b

Wenn dich einer auf die rechte Wange schlägt, ...

Die, die sich beleidigen lassen, aber andere nicht beleidigen, sich beschimpfen lassen und darauf nicht antworten, in Liebe handeln und ihr Leiden freudig tragen – über sie heißt es in der Heiligen Schrift (Richter 5,31): „Aber die, die Ihn lieben, sind wie der Aufgang der Sonne in ihrer Herrlichkeit."

b. *Schabbath* 88b; b. *Gittin* 36b

Sexueller Anreiz

Raw Schescheth lehrte: Jeder, der den kleinen Finger einer Frau betrachtet, ist, als ob er ihre Genitalia betrachtet ...

Raw Chissda lehrte: Das Bein einer Frau gilt als sexueller Anreiz ...

Samuel lehrte: Die Stimme einer Frau gilt als sexueller Anreiz ...

Raw Schescheth lehrte: Das Haar einer Frau gilt als sexueller Anreiz ...

b. *Berakhoth* 24 a

Man trinke nicht aus einem Becher und denke dabei an einen anderen.

b. *Nedarin* 20 b, über das Eheleben

„Schlimmer ist das Gelüst nach der Sünde als die Sünde selbst."

b. *Joma* 29 a

Rabbi Jakum lehrte:

Wer das Gebot „Du sollst nicht begehren" übertritt, ist, als ob er alle Zehn Gebote übertreten hat.

Pessiqta Rabbathi, Kap. 21, ed. Friedmann, p. 107 a

Rabbi Eleasar sagte: Jeder Mensch, der keine Frau hat, ist kein vollständiger Mensch. Denn es heißt (Genesis 5,2): „Männlich und weiblich schuf Er sie. Dann segnete Er sie und nannte ihren Namen ‚Mensch'."

Nach b. *Jebhamoth* 63 a

Ehre deinen Arzt, während du ihn noch nicht brauchst!

p. *Ta'anijoth* III, 6, ed. Krotoschin, p. 66d

Ist die Tür den guten Taten verschlossen, wird sie dem Arzt geöffnet.

Schir Haschirim Rabbah VI, 11,1

Man darf einen Menschen in seiner Anwesenheit nur teilweise loben; ist er abwesend, kann man ihn vollauf loben.

b. *'Erubhin* 18b

Schweigen ziemt den Weisen, um so mehr den Dummen.

b. *Pessahim* 99a

Die Welt besteht nur um des Atems der Schulkinder willen.

b. *Schabbath* 119b

Was die Jugend nicht begehrt,
wird dem Alter dann verwehrt.

Abhoth de Rabbi Nathan, A 24, ed. Schechter, p. 39b

Was das Kind auf dem Markte spricht,
haben die Eltern ihm vorgesagt.

b. *Sukkah* 56b

Hat dich zur Ehe das Geld bewogen,
werden die Kinder dir unerzogen.

b. *Qidduschin* 70a

Diebstahl der Kenntnis

(Für das Täuschen gebraucht das rabbinische Hebräisch den Ausdruck *genebhath da'ath,* der wörtlich „Diebstahl der Kenntnis" bedeutet. Das Täuschen gilt daher als Übertretung des Achten Gebots.)

Rabbi Meir lehrte:

Wenn sich jemand von seinem Nächsten Geld borgt, um damit Früchte zu kaufen, darf er sich mit diesem Geld keine Gefäße kaufen. Borgt er sich Geld, um damit Gefäße zu kaufen, darf er sich mit dem Geld keine Früchte kaufen. In diesen Fällen würde er nämlich den Leiher täuschen (wörtlich: weil er so die Kenntnis des Leihers stehlen würde).

Tossephta, Megillah, 1,5, ed. Lieberman, S. 344

Wie und was man beten könnte

■ ■ ■

Das Flehen

Rabbi Simeon pflegte zu sagen:

Wenn du betest, betrachte dein Gebet nicht als Satzung, sondern es sei ein inbrünstiges Flehen vor Gott. Denke daran, dass Er gnädig und barmherzig, langmütig und voller Huld ist und das Böse zum Guten wendet. Darum halte dich nie für einen verlorenen Menschen.

Nach *Mischnah Abboth* 2,13

Selbst wenn einem ein scharfes Schwert schon am Halse liegt, soll man mit dem Gebet nicht zurückhalten.

b. *Berakhoth* 10a

Mein Gott, die Seele, die Du mir gegeben hast, ist rein. Du hast sie geschaffen, Du hast sie geformt. Du hast sie mir eingehaucht. Du hütest sie in mir. Einst wirst Du sie von mir nehmen, um sie mir in der kommenden Zeit zurückzugeben. Solange die Seele in mir ist, danke ich Dir, Herr, mein Gott und Gott meiner Väter. Meister aller Werke, Herr aller Seelen.

b. *Berakhoth* 60b

Angewiesen auf deine Hand

O lass uns nicht angewiesen sein,
Herr, unser Gott,
auf die Gabe von Fleisch und Blut
und nicht auf ihr Darlehen,
sondern nur auf Deine Hand,
die volle, offene, heilige und gehäufte,
dass wir nicht zuschanden werden
und nicht beschämt werden
in Ewigkeit.

Aus dem täglichen jüdischen Tischgebet

Segenssprüche

Meir, ein Rabbi des zweiten Jahrhunderts der gewöhnlichen Zeitrechnung, sprach den Gedanken aus, dass der Mensch hundertmal am Tag Gott preisen solle; und in der Tat schuf die jüdische Tradition die *Berakhah,* die kurze Formel der Preisung, die es einem ermöglicht, Gott vielmals in sein Leben hereinzulassen. Mit den Worten „Gepriesen seist du, Ewiger, unser Gott, Weltenherr", beginnt sie, und nimmt dann auf den gegebenen Anlass Bezug. Anlass kann das Essen oder Trinken sein, der Anblick des Sonnenaufgangs und des Sonnenuntergangs, das Hören von Donner und das Sehen des Blitzes, das Anziehen eines neuen Kleides und das Wiedersehen, nach einem Jahr oder länger, mit einem Freund.

Sieht man die ersten Knospen im Frühling, so spricht man:

„Gepriesen seist du, Ewiger, unser Gott, Weltenherr, der du nichts hast fehlen lassen in deiner Welt und in ihr gute Geschöpfe und Bäume erschaffen hast, damit die Menschen zu erquicken."

Beim Anblick des Ozeans spricht man:

„Gepriesen seist du, Ewiger, unser Gott, Weltenherr, der du das große Meer erschaffen."

Isst man eine Frucht zum ersten Mal im Jahr, preist man Gott,

„der du uns am Leben erhalten hast, um diese Zeit zu erreichen."

Und sieht man einen weltberühmten Gelehrten, selbst wenn er einer anderen religiösen Konfession angehört, spricht man:

„Gepriesen seist du, Ewiger, unser Gott, Weltenherr, der du von deiner Weisheit Fleisch und Blut mitgeteilt hast."

Jakob J. Petuchowski, „Den Herrn preisen für das Glück und die Wunder des Lebens."

Es lehrten unsere Meister. „Wenn man schöne Geschöpfe und schöne Bäume sieht, sagt man: ‚Gelobt sei Er, der dergleichen in Seiner Welt hat.‘ “

b. *Berakhoth* 58b

In undurchsichtiger Lauterkeit

Du hast Dich in Deiner Wolkenpracht
Deinem Volk offenbart,
um mit ihnen zu reden.
Vom Himmel her hast Du ihnen
Deine Stimme ertönen lassen,
und Du bist ihnen in undurchsichtiger
Lauterkeit erschienen.
Da erzitterte das ganze Weltall vor Dir,
und alle Geschöpfe des Weltenanfangs
bebten vor Dir,
als Du, unser König, Dich auf dem Berge Sinai
offenbartest,
um Dein Volk Torah und Gebote zu lehren.
Deiner Stimme Majestät ließest Du sie
vernehmen
und Deine heiligen Worte aus flammender Glut.
Unter Donner und Blitzen bist Du ihnen
erschienen.
Unter Hörnerschall erstrahltest Du ihnen.
So steht es auch in Deiner Torah geschrieben:
„Am dritten Tag, im Morgengrauen,
begann es zu donnern
und zu blitzen.
Schwere Wolken lagen über dem Berg,
und gewaltiger Hörnerschall erklang.
Das ganze Volk im Lager begann zu zittern.“ (Exodus 19,16.)

Und es heißt:
„Der Hörnerschall wurde immer lauter.
    Mose redete,
und Gott antwortete ihm
    mit lauter Stimme.“ (Exodus 19,19.)
Und es heißt:
„Das ganze Volk erlebte,
    wie es donnerte und blitzte,
wie Hörner erklangen und der Berg rauchte.
    Da bekam das Volk Angst,
    es zitterte und hielt
    sich in der Ferne.“ (Exodus 20,18.)

Aus der Liturgie des jüdischen Neujahrsfestes

AUSGEWÄHLTE BIBLIOGRAPHIE

der im Text angeführten und zitierten Schriften

Heschel, Abraham Joshua. „Mehr als Innerlichkeit (1955)", in: *Christentum aus jüdischer Sicht. Fünf jüdische Denker des 20. Jahrhunderts über das Christentum und sein Verhältnis zum Judentum.* VIKJ 25. Hrsg. Fritz A. Rothschild (Berlin/Düsseldorf, 1998), S. 291–295.

Petuchowski, Jakob J. „Aus der Geschichte erwachsen: Die jüdische Pluralität heute", in: *Welches Judentum steht welchem Christentum gegenüber?* Hrsg. Hans-Hermann Henrix / Werner Licharz. Arnoldshainer Texte 36. Schriften aus der Arbeit der Evangelischen Akademie Arnoldshain (Frankfurt: Haag + Herchen, 1985), S. 19–35.

– „Bekannte und unbekannte Gottesbünde", in: *Universale Vaterschaft Gottes. Begegnung der Religionen.* Hrsg. Abdoljavad Falaturi, Jakob J. Petuchowski, Walter Strolz (Freiburg: Herder, 1987).

– „Bibel und Tradition im rabbinischen Judentum", in: *Theologische Quartalschrift,* 161/2 (1981), S. 106–115.

– „Den Herrn preisen für das Glück und die Wunder des Lebens", *Mit tausend Flügeln trägst du mich. Gebete, die froh machen* (Freiburg: Herderbücherei, Sonderband, 1986), S. 71–76.

– „Erlösung – Sünde – Vergebung. Eine dialogische Erkundung christlich-jüdischer Konvergenzen und Widersprüche", in *Welches Judentum steht welchem Christentum gegenüber?,* S. 9–18.

– *„Es lehrten unsere Meister ..." Rabbinische Geschichten aus den Quellen neu erzählt* (Freiburg: Herder, ^{5}1981).

– *Ever Since Sinai. A Modern View of Torah* (New York: Scribe, 1961; Milwaukee, Wisc.: Arbit Books, Revised Third Edition, 1979).

– *„Ferner lehrten unsere Meister ..." Rabbinische Geschichten aus den Quellen neu erzählt* (Freiburg: Herder, ^{2}1983).

– *Gottesdienst des Herzens. Eine Auswahl aus dem Gebetsschatz des Judentums* (Freiburg: Herder, 1981).

– /Clemens Thoma. Neu bearbeitet von Clemens Thoma. *Lexikon der jüdisch-christlichen Begegnung* (Freiburg: Herder, 1997).

– „Materie und Form", in: *Was meinem Leben Richtung gab* (Freiburg Herderbücherei 940, 1982), S. 108–14.

– *Mein Judesein* (Freiburg: Herder, 1992).

– „Menschlich reden von Gott", in: *Mut zur Tugend.* Hrsg. Karl Rahner / Bernhard Welte (Freiburg: Herderbücherei 1308, 1979), S. 145–152.

– „Der Schöne", in: *Die hundert Namen Gottes.* Hrsg. Rudolf Walter (Freiburg: Herderbücherei 1229, 1985), S. 35–41.

– „Speaking of God", in: J. J. Petuchowski, *Studies in Modern Theology and Prayer* (Philadelphia: Jewish Publication Society, 1998), S. 75–87.

– *Die Stimme vom Sinai. Ein rabbinisches Lesebuch zu den Zehn Geboten* (Freiburg: Herder, 1981).

– *Wie unsere Meister die Schrift erklären* (Freiburg: Herder, 1982).

Röhrich, Lutz. *Lexikon der Sprichwörtlichen Redensarten* (Freiburg: Herder, 1994).

Thoma, Clemens. Siehe Petuchowski / Thoma, *Lexikon der jüdisch-christlichen Begegnung.*